本书研究得到教育部人文社会科学研究项目（13YJCZH074）的资助
本书出版得到西北工业大学精品学术著作培育项目（人文社科类）的资助

INDUSTRIAL COUPLING OF
DEVELOPMENT ZONES DRIVEN
CITIES

板块驱动型城市产业耦合

以大西安为例
TAKING GREATER XI'AN AS AN EXAMPLE

寇晓东 陆 瑶 著

社会科学文献出版社
SOCIAL SCIENCES ACADEMIC PRESS (CHINA)

序　言

2012年以来，城市及其发展成为我国全面建成小康社会的主体空间和主体动力。结合我国多数城市通过板块经济（指各级各类开发区、产业园、新城新区建设等）驱动城市整体发展的现状，有必要从城市整体视角来研究城市板块产业发展的耦合机理、演化路径及政策调控方向。

截至2017年，大西安（西安市和西咸新区）拥有24个具备市级（西咸新区为省级）经济管理权限的开发区、新区和组团区域，这些城市板块在较长时期内相对独立运行，导致相互间存在激烈的产业及项目资源竞争。为避免大西安城市板块在产业发展上的同质化及恶性竞争，亟须对其产业发展的耦合机理、演化路径及政策调控等开展研究。

本书以"城市板块产业发展及其管理"为主轴，集中研究多个城市板块产业发展的耦合机理、演化路径及政策调控问题，以期构建有一定普适性的研究框架，同时对大西安板块发展格局下产业良性发展路径进行探索。在历时近七年（2013~2019年）的研究过程中，主要形成了以下成果。

（1）对大西安城市板块及其产业发展情况进行全面跟进与梳理。在此基础上，对大西安城市板块进行分类，呈现其在成立时间、地域面积、地理区位、产业定位、经济基础、服务能力、行政层级、管理权限、负责人政治身份等方面的差异，揭示大西安产业布局与发展碎片化的原因，确认本书研究的必要性和重要性（第二章）。

（2）立足物理－事理－人理系统方法论（WSR方法论），以区域公共管理、区域经济学等理论为指导，聚焦板块驱动型城市（大西安）产业集聚与区域行政的交互关系，构建"产业空间耦合（划分大西安城市经济功能区）—产业资源耦合（推动产业项目在功能区内合理布局）—区域产业融合（推进功能区内各板块融合发展）"的主体研究逻辑，相应提出板块驱动型城市"双向、三层次"产业耦合发展概念模型作为研究框架，并据此对大西安"5+1"城市经济功能区格局构建、基于大西安城市经济功能区的产业项目布局管理、大西安城市经济功能区的板块融合发展以及大西安城市经济功能区格局下的产业耦合发展四个问题进行系统研究，提供了对应的解决方案和实例分析（第三章、第四章、第六章、第七章、第八章）。

（3）对大西安城市经济功能区的划分进行较为深入的定量研究，也为同类问题的解决提供借鉴。具体以本书提出的大西安高新技术、先进制造、物流金融、文化旅游、现代服务共5个城市经济功能区，以及西安市政府提出的"三廊一角一通道"产业格局为两个比对方案，以城市经济功能区之间的协调发展程度为衡量标准，选择泰尔指数为测度方法，以城市板块的重点项目投资完成额、一般公共预算收入为测算指标，对分区前、本书分区方案和西安市分区方案三种情况下的泰尔指数进行计算和分析。结果表明，本书提出的大西安城市经济功能区划分方案相对合理，更能满足城市经济功能区间协调发展的需要（第五章）。

（4）以大西安为例，对城市板块产业耦合发展的关键环节，即产业项目在功能区内板块之间流转所需的利益补偿进行政策仿真研究，建立起一整套关于多个城市板块产业项目招商仿真的原则、框架与仿真模型原型，既为大西安产业项目招商模式优化的政策试验提供了论证，也为同类问题研究奠定了开展相关政策试验的基础。对大西安产业项目招商模式优化的政策仿真研究表明，在给定参数组合条件下，大西安功能区内板块之间产业项目流转补偿率的最佳区间可能为[10%，25%]，这在一定程度上为未来的政策实施提供了政策储备（第九章）。

（5）采用泰尔指数，从城市板块的税收收入、投资总量两个维度，对基于大西安城市经济功能区的城市产业耦合发展协调度进行量化评价。结果表明，合理划分城市经济功能区，将使大西安的主导产业在空间上更加均衡、协调发展，从而促进城市发展特别是经济产业发展整体利益的实现（第十章）。

（6）针对大西安产业耦合发展，提出两方面对策建议。一是针对大西安生产力的整体布局，建议"划分大西安城市经济功能区，统筹功能区内产业项目布局管理，推进功能区城市板块融合发展"；二是针对加快建设陕西自贸试验区西安主体片区，建议"提升政府治理能力，明确制度创新路径"（第十一章）。

尽管本书作者在能力所及范围内对板块驱动型城市的产业耦合发展及管理问题做出了一定的研究工作，但囿于理论水平、研究视野以及资料数据的可得性等，书中内容难免存在若干不足、缺陷乃至谬误。诚恳地期待学界同人能够对本书的研究内容、方法及观点等不吝赐教，也欢迎实务界朋友对本书内容提出批评与指导意见，既为作者及相关合作者深化本领域研究提供借鉴与参考，也为大家共同推动我国城市健康与可持续发展创造契机与平台。

寇晓东　陆　瑶
2021 年 3 月 23 日
于西安西北工业大学友谊校区

目 录

第一章 绪论 ………………………………………………………… 1
 第一节 城市发展与区域治理研究综述 ………………………… 2
 第二节 研究思路及内容 ………………………………………… 12
 第三节 核心概念界定 …………………………………………… 14

第二章 板块驱动型城市概况与大西安城市板块产业发展现状 ……………………………………………………… 17
 第一节 板块驱动型城市概况 …………………………………… 17
 第二节 西安市城市板块及其产业发展现状 …………………… 22
 第三节 西咸新区各新城及其产业发展现状 …………………… 43
 第四节 咸阳高新区及其产业发展现状 ………………………… 50
 第五节 大西安城市板块及其产业发展概览 …………………… 51

第三章 大西安城市板块产业耦合发展问题透视 …………… 56
 第一节 实践背景 ………………………………………………… 56
 第二节 理论视角 ………………………………………………… 57
 第三节 解析框架 ………………………………………………… 61

第四章　产业空间耦合：大西安"5＋1"城市经济功能区格局构建 …… 62

第一节　大西安城市经济功能区的划分依据 …… 62

第二节　大西安城市经济功能区的空间区位与产业定位关联度分析 …… 63

第五章　大西安城市经济功能区划分方案的测度及比较 …… 71

第一节　研究思路及方法 …… 71

第二节　数据准备 …… 73

第三节　基于重点项目投资完成额的泰尔指数测度及分析 …… 75

第四节　基于一般公共预算收入的泰尔指数测度及分析 …… 78

第五节　结论 …… 81

第六章　产业资源耦合：基于大西安城市经济功能区的产业项目布局管理 …… 83

第一节　理论背景 …… 83

第二节　大西安产业项目布局管理的流程再造 …… 84

第三节　大西安产业项目布局管理的机制设计 …… 88

第七章　区域产业融合：大西安城市经济功能区的板块融合发展 …… 91

第一节　大西安开发区管理模式及其突破 …… 91

第二节　大西安开发区融合发展的策略集合 …… 94

第三节　面向大西安城市经济功能区的板块融合发展路径 …… 97

目　录

第四节　大西安城市经济功能区板块融合发展的治理
　　　　体系构建 …………………………………………… 104

第八章　大西安城市经济功能区格局下的产业耦合发展：
　　　　以三星项目为例 ………………………………………… 106
第一节　三星项目及其进展情况 ………………………………… 106
第二节　城市板块（西安高新区）内的产业耦合 ……………… 111
第三节　城市经济功能区（高新技术功能区）内的
　　　　产业耦合 …………………………………………… 113
第四节　大西安城市区域内的产业耦合 ………………………… 115

第九章　大西安产业项目招商模式优化的政策仿真研究 ………… 117
第一节　政策仿真的重要基础 …………………………………… 117
第二节　研究对象与方法 ………………………………………… 118
第三节　模型设计 ………………………………………………… 121
第四节　模型运行及分析 ………………………………………… 128
第五节　小结 ……………………………………………………… 135
第六节　数据附件 ………………………………………………… 136

第十章　基于大西安城市经济功能区的城市产业耦合发展
　　　　协调度评价 …………………………………………… 141
第一节　协调度评价一：基于税收收入的测度 ………………… 141
第二节　协调度评价二：基于投资总量的测度 ………………… 144

第十一章　对策建议 ………………………………………………… 146
第一节　核心建议：优化大西安生产力布局 …………………… 146

第二节　延伸建议：加快建设陕西自贸区 …………… 149

附　录 ……………………………………………………… 159
　附录1　国务院关于开发区改革创新发展、陕西省关于重点
　　　　　项目推进以及西安市关于重点项目管理和招商引资
　　　　　工作制度的相关政策内容 ……………………… 159
　附录2　"物理－事理－人理系统方法论"引介 ………… 179

参考文献 ………………………………………………… 182

后　记 …………………………………………………… 190

第一章

绪 论

2011年中国城镇化率达到51.27%、城镇人口达到6.9亿人，意味着城镇成为承载中国经济社会发展的主体空间场域，标志着中国的城镇化进程进入转折期、城市发展进入转型期。2012年9月，时任国务院副总理李克强在出席省部级领导干部推进城镇化建设研讨班学员座谈会时强调，"协调推进工业化、城镇化、农业现代化，发挥城镇化综合效应，释放内需巨大潜力"，进一步凸显城镇化在国民经济与社会发展格局中的重要地位与作用。贯穿来看，城市及其发展已经成为中国全面建成小康社会的主体空间和主体动力。为此，结合我国多数城市正在推行的通过板块经济（包括各级各类开发区、产业园、新城新区建设等）驱动城市整体发展的现状，十分有必要从科学研究的角度，揭示城市板块产业发展的耦合机理、演化趋势及调控方向。

自1991年3月西安高新区获批成为国家级高新区，至2017年1月陕西省将西咸新区（国家级新区）交由西安市代管、形成新的"大西安"格局，其间在西安市范围内（含西咸新区）先后形成了24个拥有市级（西咸新区为省级）经济管理权限的开发区、新区和组团区域[①]。

[①] 包括西安高新区（国家级）、西安经开区（国家级）、西安曲江新区、西安浐灞生态区、西安国际港务区、西安航空基地（国家级经开区）、西安航天基地（国家级经开区）、渭北工业区高陵组团、渭北工业区阎良组团、渭北工业区临潼组团、灞河新区、大兴新区、土门地区、幸福路地区、小寨地区、常宁新区、曲江临潼度假区、秦岭生态保护区、汉长安城大遗址保护特区以及西咸新区下设的沣东新城、沣西新城、空港新城、泾河新城和秦汉新城。

这 24 个城市板块普遍实行开发区管理体制，事权、财权相对独立，能够带来开发的高效率和发展的高速度，因而对整个城市的经济社会特别是产业发展形成了有力支撑。与此同时，由于这些城市板块在较长时期内相对独立运行，当前相互间存在较为激烈的产业及项目资源竞争。为了避免大西安城市板块在产业发展上的同质化及恶性竞争，亟须对其产业发展的耦合机理、演化趋势以及相关调控政策等开展较为系统的研究。

综上，本书以"城市板块产业发展及其管理"为主轴，集中研究多个城市板块产业发展的耦合机理及政策调控两个问题，以期构建具有一定普适性的理论研究框架，同时对大西安板块发展格局下产业良性发展路径进行探索。

第一节 城市发展与区域治理研究综述

一 城市发展与管理

（一）城市思想与城市发展理论

中华人民共和国成立以来，我国城市化进程中的城市思想基本上是政府城市观念的集中反映，其发展大致经历了 6 个阶段（陈为邦，2003）：中华人民共和国成立之初，提出"生产城市"和"工业城市"；20 世纪 60 年代初期，提出"工农结合，城乡结合，有利生产，方便生活"；"文革"期间，提出"反城市"；20 世纪 80 年代，提出"城市在社会主义现代化建设中起主导作用"；20 世纪 90 年代，提出"严格控制大城市规模，合理发展中等城市和小城市"；21 世纪初，提出"走中国特色城镇化道路，促进大中小城市和小城镇协调发展"。党的十八大后召开的中央经济工作会议，明确提出"大中小城市和小城镇、城市群要科学布局，走集约、智能、绿色、低碳的新型城镇化道路"。

20 世纪 90 年代以来，国外较有代表性的城市思想是"新城市主义"① 和"精明增长"（张雯，2001）。在未来城市应该如何发展的问题上，西方学者也提出了一系列新理论，包括全球城市、信息城市、柔性城市、学习城市、智能社区等，这些理论肯定了城市尤其是大城市将继续作为经济中心的地位，强调了在信息网络上的支配控制力对现代城市发展的重要性（邓静、孟庆民，2001）。

（二）城市管理研究

城市管理的实质是对城市可持续发展的管理。正确理解城市可持续发展的内涵及规律，是实施城市管理的前提。Spangenberg（2002，2006）在总结全球可持续发展面临的重大挑战基础上，提出"可持续性的三棱锥"模型，认为可持续发展包括经济、环境、人力/社会、社会/制度四个维度，其相互作用构成可持续发展的复杂概念。本书进一步提出城市可持续发展包括环境、经济、社会、制度和文化五个维度，由此形成城市可持续发展的四棱锥模型（寇晓东，2009）。对城市可持续发展的管理，就是要实现城市五个子系统各自的再生以及相互的协调。

美国圣塔菲研究所的城市研究团队，从城市物理学角度出发，构建了关于城市组织及可持续发展的定量预测理论，提出城市化与经济发展和知识创新联系过程具有普遍性，城市的许多属性都是其人口规模的幂律函数，定量推导还发现创新驱动的增长和规模经济驱动的增长有巨大差异（Bettencourt et al.，2007；Bettencourt and West，2010）。这为城市产业发展的路径及其管理提供了科学依据。

二 区域产业耦合发展

区域产业耦合发展研究整体可分为两类：一是对耦合关系的研究，包括耦合的机理、机制、结构、模型、效应、演化、战略等；二是对耦合的测度研究，包括耦合协调度、耦合度、耦合效率测度等。

---

① http://www.cnu.org/index.cfm/.

（一）区域产业耦合关系研究

此类研究多从耦合的基本概念出发，指出耦合的系统含义，进而结合具体对象开展定性、定量分析，主要涉及三个方面。一是对单体系统的分析，比如装备制造业集群的耦合结构、产业集群的层次递进耦合机理、区域产业耦合机制等（李凯、李世杰，2005；刘锦英，2010；李勇，2010），侧重对系统内部要素间关系演进及系统与环境关系的分析探讨。二是对双体系统的分析，其中的重点有产业集群与区域经济、城市群等的耦合研究（王琦，2008；郭凤城，2008），城市化与产业结构、产业转移的耦合研究（王春枝，2011；周世军，2012），新区产业功能定位和城市发展战略的耦合关系（王欣等，2006）、开发区产业发展耦合机理（朱彦恒等，2006）、创意产业与城市发展的互动关系及其耦合演化研究（刘友金等，2009），此外还涉及经济与环境耦合系统演化、模块化与产业融合、战略性新兴产业与创新型城市耦合机制等内容。三是对多体系统的分析，比如对经济增长、产业发展与劳动就业的耦合机理研究（刘瀑，2010）。

（二）区域产业耦合测度研究

此类研究主要围绕双体系统的耦合关系展开定量评价，从而为相关产业的发展管理及政策制定提供依据，具体包括旅游产业与区域经济的耦合协调度研究（赖声伟，2011；姜嫣等，2012）、产业集群与区域经济空间的耦合度分析（王琦、陈才，2008）等。其中所使用的耦合协调度测度方法，大多结合系统科学的协同学理论，并借鉴物理学中的容量耦合概念及容量耦合系数模型，在计算程序上基本遵循了从功效函数到耦合度函数，到耦合度指标体系，再到耦合协调度模型的规范。

综合看，已有的区域产业耦合发展研究主要完成了定性层面的相关耦合关系分析，以及定量层面的静态耦合关系的部分测度，但对多个城市板块条件下的城市区域产业耦合发展涉及不多，需要开辟新的研究思路。

三 开发区建设与管理

(一) 开发区建设与管理

在经济特区政策示范效应下诞生的开发区模式,对中国的区域经济发展具有重要意义。经过近40年的发展,开发区取得了巨大经济成就,也衍生了一系列问题。洪燕把开发区的生命周期分为强制度化、弱制度化和后制度化三个阶段,指出其演变的深层机制是利益博弈和成本收益均衡(洪燕,2006)。张艳发现开发区的建设运行表现出异于城市其他区域的特征,如在产业发展上表现出较强的数量集聚特征而离产业集群尚有距离,在管理体制上早期较多采用政府派出机构模式,目前向政区合一模式转变的趋势明显,所提出的政策建议包括淡化开发区经济类型指向,形成"专业化园区+研发孵化"的发展格局,在政策资源使用上"聚焦"于研发、创新及创业活动,从而使原有的"政策区"逐步向城市经济功能区或城市新区、新城等转变(张艳,2008)。以上研究对本书研究都具有启发意义,即城市板块的生长、演化有其利益、制度背景,其发展趋势则是所谓的"产城融合"。

(二) 开发区管理模式

进一步梳理国内典型开发区管理模式不难发现,没有一个严格的标准可将各类模式截然分开,有些管理模式正处于发展变化之中,若从不同角度分析则可以有不同的划分方式(见表1-1)。

表1-1 国内学者开发区管理模式分类汇总

学者	研究成果	管理模式分类梳理
王一鸣(2016)	《中国开发区实践与思考》	派出机构模式、区政统筹模式、企业管理模式
朱宏(2016)	《十字路口的选择:开发区治理体制研究》	准政府的管委会体制、政区型管理模式、企业型管理模式、共建合作的管理模式

续表

学者	研究成果	管理模式分类梳理
刘军（2015）	《开发区建设与管理的执行力实践》	政府主导型、企业主导型、政企混合型
高媛（2014）	《西安高新技术产业开发区政府治理模式研究》	政府治理模式、企业治理模式、混合型治理模式
黄建洪（2014）	《中国开发区治理与地方政府体制改革研究》	政府治理型模式、企业治理型模式、政企合作型模式、委托管理型模式、"协治"型模式
敖崴凯（2014）	《开发区治理：生成、异化与规引》	行政型、企业型、混合型
金莎（2011）	《中国特色开发区视野下的浦东治理模式》	政府主导型、企业主导型、政企混合型
刘刚（2009）	《北京市开发区土地资源开发与微观治理模式研究》	政企合一型、政企分立型、公司治理型

大体而言，本书将国内开发区管理模式梳理为六类——政府管理模式、政区管理模式、企业管理模式、共建合作模式、委托管理模式和"协治"型模式（见图1-1），相应内容见表1-2。

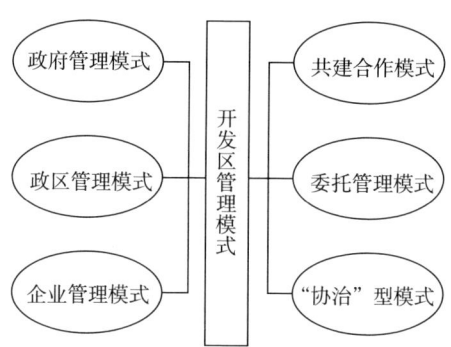

图1-1 国内开发区管理模式

四 区域治理与区域行政

（一）区域治理研究

李礼总结整理了区域治理的四种类型，包括宏观区域治理（洲际

第一章 绪论

表1-2 国内开发区典型管理模式汇总

模式名称		模式描述	模式特点	主要优点	主要缺点	典型代表
政府管理模式	管委会主治型	设立管委会,由党工委和管委会合署办公,一般由市级主要副职担任工委书记和管委会主任	由所设立的管委会进行全权管理,自由度高	办事灵活、高效,便于管理	易脱离母城的整体发展规划,不利于整体城市发展的宏观调控	苏州高新技术产业开发区
	管委会协调型	由政府主管部门内设管委会,由政府或主管部门主要负责人组成,职能定位是开发协调与日常建设管理和经营管理	开发区的治理权限主要掌握在本级政府各职能部门手中	有利于政府宏观调控与统一领导	权限小,创新不易;多重职能部门管理效率较低	哈尔滨开发区高新技术产业开发区
		在开发区经过较长时期建设发展,具备较为成熟的城区功能和形态基础上,过渡成为行政区,与所在行政区管理合一,按一级行政区来管理	经济功能区与原行政区管理合一,或实行"两块牌子一套人马"	功能优势与原行政区的社会资源、行政资源优势有机结合,利于统筹规划	管理机构规模庞大,运行复杂,行政成本提高,淡化开发区原有特色	上海浦东开发区、青岛经济开发区
企业管理模式	国企型	以国有公司为主体进行开发区经营管理	企业接替政府职能,地方政府赋予开发区各种有利于开发区发展的权力	机构精干,权责明确,政企分开,有利于开发区整体建设速度和经济效益的提高;宏观调控和市场监管能力	缺乏必要的行政权威,行政协调能力不强,影响其处理社会事务的管理效力;并且营利性经济实体对社会公共事务容易疏于管理	招商局蛇口工业区
	外商型	以外商公司进行开发区投资与管理				深圳科技工业园
	联合型	以国有企业为主,中外企业参股组建联合公司对开发区进行经营管理				浦东金桥出口加工区

7

板块驱动型城市产业耦合

续表

模式名称		模式描述	模式特点	主要优点	主要缺点	典型代表
共建合作模式	政企合一型	由政府设置管委会进驻开发区，然后在管委指导下组建开发总公司，公司主要负责开发区内的基础设施建设	"政府+市场"即"管委会+公司"，分设机构合的体制，由政府公司与开发职能	政府的行政职能与公司的经济职能可以有效结合，对创建开发区快速发展格局有直接帮助	政企不分，管理效率低；开发公司没有自主权，积极性不强	江苏南通开发区
	政企分开型	管委会负责具体的基础设施建设等内容，只进行宏观的调控与监督	开发公司分别承担管理与开发职能	有利于调动企业的积极性，能够为开发区发展建设引进资金、技术和管理	行政条块格局大，难以摆脱旧体制束缚	苏州工业园区，昆山开发区
委托管理模式		规模较小的开发区由于缺乏经验，委托较有经验的园区全面管理运作，根据合同约定分享利润成果	管委会所需的组织结构非常简单	可以吸取其他开发区的管理开发经验，管理成本低，扬长避短	自主权弱，交由其他开发区委托管理有失控的风险	四川绵阳开发区
"协治"型模式		适宜于一区多园和一城多区并涉及多部门，多行政层次的开发区	管委会职能主要是组织、协调、推动，不拥有行政职能	可有效避免不同园区功能区、行政差异相异产生的内耗有利于化解因开发区管理产生的摩擦冲突	因涉及开发区内不同主体，其核心权力与利益的协调存在一定难度	天津滨海新区

8

内由民族国家结合各国的规则形成的组织联合体)、次区域治理(跨国界或跨境的多边区域共同体)、中观区域治理(国内跨省行政区域的管理共同体)、微观区域治理(省内跨行政区域的管理共同体)(李礼,2010)。张紧跟分析了长三角、珠三角区域经济一体化进程中区域行政的运作、成效及问题,发现即使是在当代中国市场化程度最高、与全球化关系最为密切的经济发达地区,公民、私人部门和非政府公共组织对区域发展的影响仍然很微弱,并建议适时改进已有的区域合作策略,逐步走向区域治理(张紧跟,2009)。陈瑞莲、杨爱平则认为区域行政、区域公共管理、区域治理是一个逐步递进演化的过程(陈瑞莲、杨爱平,2012)。这些研究结论,既揭示了大西安建设应遵循的基本路径和阶段,也印证了本书研究的必要性和重要性。

(二) 区域行政研究

总体而言,国外针对该问题的研究已具有较为成熟的理论基础。综合国外各学者研究成果及现状,国外研究者将区域行政研究集中于以下四个方面(见表1-3)。第一类是区域经济学研究(蒋永甫等,2014),其中最具代表性的研究者是埃德加·胡佛(埃德加·胡佛,1992),该研究领域起源于20世纪50年代,当时"如何发挥区域政府或其他区域组织在调控区域经济社会发展上的重要作用引起了学者们的浓厚兴趣,区域发展理论随之兴起"。第二类聚焦于政府间关系研究(Dommel, 1991; Cooke et al., 1998; Wright, 1996; 理查德·D. 宾厄姆等, 1997),代表学者保罗·多麦尔重点关注其横向与纵向两个角度的研究问题(Dommel, 1991)。第三类是政府间竞争研究,国外该领域研究已有较为丰富的理论基础,因为相比政府间合作而言,学者们在初期更多关注其相互间的竞争问题,尤其是地方政府与中央政府的矛盾和冲突。诺思是其中的代表学者(陈瑞莲,2006),柯武刚和史漫飞也提出,国家开放,政府就会相互竞争(柯武刚、史漫飞,2000)。最后一类是地区竞争力和区域创新研究。其中有代表性的是波特的"地区竞争力"等经典理论（波特，2002）。区域创新问题研究中，帕特南、摩根等学者也均从不同角度进行了探讨（Morgan，1997；摩根，2003；帕特南，2001）。

表1-3 国外区域行政研究汇总

研究方向	学者	具体研究内容
区域经济学	埃德加·胡佛	区域经济协调发展问题
政府间关系	保罗·多麦尔	政府间横向与纵向的关系问题
政府间竞争	诺思	国家间经济绩效竞争；政府在提供有效率的组织经济活动的制度安排和激励机制上的作用
地区竞争力和区域创新	波特	"地区竞争力"等经典理论
	帕特南	问题区域和区域创新研究；开创了区域发展中"宏观社会资本"研究途径
	摩根	问题区域和区域创新研究；探讨"学习型区域"

国内研究方面。"区域行政指一定区域内的政府（两个或两个以上）为促进区域发展而相互协调关系，寻求合作，对公共事务进行综合治理，以便实现社会资源的合理配置，提供更优的公共服务"（陈瑞莲、张紧跟，2002）。围绕区域行政及其创新，陈瑞莲团队以泛珠三角区域为例，多方位探讨了区域政府的合作与创新（陈瑞莲、刘亚平，2007），并对改革开放以来的区域政策及其创新进行了全面总结（陈瑞莲、谢宝剑，2008）。此外，范永娜认为面对新型区域治理形态，需要政府打破行政区划枷锁，建立健全制度机制，奠定区域公共管理制度基础并构建其政策框架（范永娜，2014）。赵秋兰等提出，区域管理制度的创新路径主要有转变政府治理理念、加强和完善有关法制建设、促进区域政府间的团结合作以及改进政府绩效评价体系（赵秋兰、尹海凤，2014）。

针对典型实例研究，陈瑞莲团队对欧盟区域协调发展经验开展了一系列工作（陈瑞莲，2009；杨爱平、陈瑞莲，2007；陈瑞莲，2006），为我国的相关实践提供了参考借鉴。与此同时，越来越多的研究者开始关注国内区域实例研究，其中尤以京津冀、长三角及珠三角区域发展为代表，主要涉及基础设施建设、生态环境治理、产业发展、医疗卫生以及文化发展等。但整体而言，我国的实例研究仍存在系统性不强的问题，表现为研究问题复杂多样、研究角度较为分散，难以对区域发展中的问题进行有效分析。

五 大西安建设

1982年王圣学最早提出"将咸阳并入西安，建立西安经济区"的观点（王毓婕，2011）。1998年郭诚提出"构建大西安经济圈，加快陕西经济发展"，标志着"大西安"概念的正式提出（郭诚，1998）。此后在以张宝通为代表的一批学者共同推动下，大西安研究形成气候并最终影响到政府决策。

2009年6月10日，国家发展改革委印发《关中—天水经济区发展规划》，提出"关天规划"。2010年6月12日，在"大西安总体规划空间发展战略研究国际论坛"上，大西安的总体规划空间发展战略被提出。2014年5月28日、29日，时任陕西省省长的娄勤俭就推进大西安建设进行专题调研。2017年，西安代管西咸新区。时任陕西省委书记娄勤俭提出以世界眼光建设好大西安。同年6月，《大西安立体综合交通发展战略规划》印发，首次明确了大西安规划范围。[①]

综合看，按照2012年陕西省委、省政府的决策精神，大西安建设涉及西安市的19个板块、西咸新区的5个板块以及咸阳市的咸阳高新区共25个城市板块。而按照2017年西安市代管西咸新区后的大西安城市板块格局，则包括除咸阳高新区之外的24个板块。为此，结合最新的政策动态，本书研究的大西安一般指"西安市+西咸新区"，但在特定环节也会涉及咸阳市的咸阳高新区。

---

① 《大了——大西安范围确定》，搜狐网，2017年7月9日，http://www.sohu.com/a/155652871_763552。

第二节　研究思路及内容

在研究初始阶段，作者设计提出了6项主要研究内容，包括：板块驱动型城市（大西安）产业发展现状调查，结合WSR方法论的城市板块产业耦合发展系统分析，复杂系统视角下的城市板块产业耦合发展的机理分析，城市板块产业耦合发展演化建模研究及情境分析，基于复合系统理论的城市板块产业发展耦合协调度研究，以及大西安城市板块产业耦合发展的调控政策及管理建议研究。

在后续研究过程中，作者发现：多个城市板块条件下尤其是大西安这一具体对象限定下的城市区域产业耦合发展研究，的确有别于之前文献中探讨过的其他类型区域产业耦合发展研究。据此，作者对原有内容设计做出了必要调整，形成了以下更新后的研究思路及内容。

一　板块驱动型城市（大西安）产业发展现状调查

对我国重点城市"板块驱动"的态势进行总体把握，重点对大西安的25个城市板块展开调查研究，分析它们的产业发展现状和面临问题。

二　结合WSR方法论的城市板块产业耦合发展研究架构

WSR方法论关注三个维度："是什么"（物理），"如何管理"（事理），"如何更好地管理"（人理）。结合这三个维度，可以针对性地提出三个问题：

什么是多个城市板块条件下的城市区域产业耦合发展？

通过何种管理手段来促成多个城市板块条件下的城市区域产业耦合发展？

如何持续推进多个城市板块条件下的城市区域产业耦合发展？

这三个问题的提出，即形成了本书的主体研究架构。

三 区域行政视角下大西安城市板块产业耦合发展机理分析

不同于原先设计的"复杂系统视角",本书最终采取了"区域行政视角"来研究多个城市板块条件下的城市区域产业耦合发展机理。其根本原因是:多个城市板块的出现,反映了一种人为干预的秩序,而一般意义上的区域产业耦合发展则对应着市场的自发秩序。正是由于人为秩序的强力干预,多个城市板块的存在既分割了城市区域的地理空间,也阻隔了产业资源市场配置的流动通道,严重影响了城市区域整体的产业耦合发展。"解铃还须系铃人。"要消除形成多个城市板块的人为秩序的不良影响,就需要城市政府从城市整体的利益角度出发,通过行政再干预,尽可能消除此前的不良影响,促进城市区域的产业耦合发展。

为此,本书基于区域行政视角,提出了面向大西安城市板块产业耦合发展机理研究的核心内容,即:

划分大西安城市经济功能区,以实现产业空间耦合;

推动产业项目在功能区内合理布局,以实现产业资源耦合;

推进功能区内各板块融合发展,以实现区域产业融合。

在此基础上,对于特定产业项目(如西安三星项目)而言,就可以研究其从相应城市板块到对应城市经济功能区再到城市区域的产业耦合发展实现路径。

四 大西安城市板块产业耦合发展的政策调控仿真研究

在上述大西安城市板块产业耦合发展机理的实现过程中,有一个步骤至关重要,即产业项目在功能区内合理布局,而在这一步骤中,又有一个政策环节至关重要,即相关产业项目在功能区内板块之间流转所需要的利益补偿。

众所周知,城市板块的基本任务是带动经济产业发展,相应的基本工作手段是招商引资。截至目前,大西安各个板块的招商模式仍然是"谁招、谁得",而这种模式显然不能适应产业项目在功能区内合理布局。要实现招商项目的合理布局,一方面要评估、研判与项目较为匹配的城市板块,另一方面还要就项目的流转做出合理补偿,即项目最终落地板块要对项目最初招商板块予以利益补偿,从而维持项目最初招商板块的工作积极性。

对此,本书结合大西安主要的 12 个市本级城市板块,针对招商模式优化这一核心问题,利用多主体系统方法和 NetLogo 仿真平台,建立大西安产业项目招商模式优化仿真模型并开展补偿政策仿真研究,以期发现可能的最优补偿比例或比例区间,从而为相关政策制定奠定较好的政策实验基础。

五 基于大西安城市经济功能区的城市产业耦合发展协调度测度

以大西安城市经济功能区的研究结论为基础,结合"城市化 2.0"理论模型,选择能够刻画区域经济发展差异的泰尔指数作为测度方法,以及功能区/板块的税收、投资等作为评价指标,对本书提出的功能区方案、西安市政府提出的相应方案分别进行城市产业耦合发展协调度测度,并予以比较分析。

六 大西安城市板块产业耦合发展管理的核心对策建议

结合大西安城市板块产业耦合发展机理分析、大西安城市板块产业耦合发展的政策调控仿真研究,以及大西安产业耦合发展协调度测度等研究工作,归纳提出大西安城市板块产业耦合发展管理的核心对策建议,此外还提出了陕西自贸试验区发展的对策建议。

第三节 核心概念界定

一 城市经济功能区

针对国家和地方层级的开发开放区域、园区及新城新区,近来陆续有学者和媒体以"经济功能区"（或"特殊经济功能区"）来统一指称（曾文革，2010；张道航，2010；杨龙、王朦，2014；袁其刚等，2015；杨文彬，2016；白国强，2015；杨荫凯，2015）。大西安的各个城市板块，符合上文的"经济功能区"概念。在此基础上，作者把这些经济功能区整合之后形成的新的区域，称为"城市经济功能区"。

也就是说，"城市里的经济功能区"和"城市经济功能区"是两个不同概念，前者对功能区的层次、大小、形成机制（自发形成、人为设置及整合等）没有限制，只要是在城市里布局、存在就可以，而后者特指符合城市发展整体利益的功能区划分，包括主要依靠市场机制自发形成的理想型城市经济功能区，以及主要在前期人为设置基础上进一步整合提升形成的优化型城市经济功能区。

为什么要区分理想型和优化型城市经济功能区？因为经济功能区及其形成，既是一个理论问题，也是一个实践问题。从理论上讲，经济功能区是由同类经济活动在空间上高度聚集、连片分布形成的空间区域（郝寿义，2007），既是市场经济自然发展的结果，也是分工导致的区域产业的再聚集过程，体现了空间分工的深化和经济主体聚集方式的变迁（孙海军，2010）。而观察已有实践，能明显看到在我国很多地方存在市场机制下的产业聚集与政府干预下的产业空间分割这一突出矛盾。

理想型城市经济功能区主要依靠市场机制自发形成，对应市场机制条件下由相应自发秩序主导的产业聚集所形成的经济区域；而优化型城市经济功能区是指在初期由人为干预（如政府制定园区规划等）划定了若干经济区域，但后续由于各区域内产业聚集、发展空间受限以及区域间产业类型和内容一致或相近，再次由人为干预（对初期区域的整合等）划定形成的连片经济区域。显而易见，理想型、优化型两种城市经济功能区，对应市场主导、政府主导两种作用机制下的产业聚集过程及其形态，其中后者更符合我国大部分城市的实际情况。

针对第3项研究内容（区域行政视角下大西安城市板块产业耦合发展机理分析），可以这样来理解，即在优化型城市经济功能区的形成中，对于初期划定的若干经济区域如何进行整合（调整、合并），才能充分利用其中对应产业聚集发展的市场力量，进而实现城市发展整体利益的优化？

二　产业项目

本书中的"产业项目"统指陕西省、西安市两级政府确定的重点项目中的产业类项目，具体包括两类。

（1）陕西省重点项目：指"一定投资额以上""纳入省重点项目计划"的建设项目，涵盖"重大基础设施、产业化、技术创新、生态环保、城镇建设等"领域，分"前期、新开工、续建"三类。

（2）西安市重点项目："经市人民政府批准并下达计划，对全市国民经济和社会发展有重大影响的项目"，包括"战略性新兴产业、现代服务业及重大工业项目，重大基础设施建设项目，生态环保和资源综合利用项目，重大民生项目，以及市人民政府确定的其他重大项目"，分"在建、前期"两类。

三　产业耦合

在本书的研究语境下，"产业耦合"首先指产业类重点项目与所在城市板块产业发展定位之间的吻合，其次指产业类重点项目与相关城市经济功能区中最适宜项目落地的城市板块的匹配。当产业项目完成"匹配"落地之后，仍然存在从相应城市板块到对应城市经济功能区再到城市区域的产业耦合发展过程。

需要强调指出的是：本书将产业项目与相关城市经济功能区中最适宜项目落地的城市板块的匹配，作为产业耦合的研究重点。

第二章
板块驱动型城市概况与大西安城市板块产业发展现状

第一节 板块驱动型城市概况

本部分内容，搜集整理了截至 2015 年 6 月全国主要城市设立的各级各类开发区、产业园等信息名录[①]，作为全书研究主题的一个背景支撑，一方面印证"板块驱动型城市"的普遍性，另一方面说明大西安的多个城市板块不是一个孤立现象，进而表明对大西安城市板块产业耦合发展研究的重要性与典型性。

表 2-1 至表 2-4 给出了部分主要城市的开发区、产业园等信息概况（不完全统计）。其中，4 个直辖市计有各类开发区、产业园 130 个，平均 32.5 个；26 个省会、首府城市（不含西安市）计有各类开发区、产业园 179 个，平均 6.9 个；5 个副省级城市（不含省会、首府城市）计有各类开发区、产业园 33 个，平均 6.6 个；4 个经济特区城市（不含副省级城市）计有各类开发区、产业园 11 个，平均 2.8 个。由此可见，大西安的城市板块数量除低于 4 个直辖市的平均水平外，显著高于省会、首府城市以及副省级城市的平均水平，

[①] 这部分信息汇集工作是本书研究的前期基础材料，完成时间较早，但不影响对研究主题的说明和支撑。

因此具有研究的典型性。

表2-1 直辖市的开发区、产业园等名录

城市	开发区、产业园等名录
北京 （14个）	中关村国家自主创新示范区，北京经开区，北京天竺出口加工区，北京石龙工业区，北京良乡卫星城工业区，通州工业开发区，北京大兴工业开发区，北京林河工业开发区，北京天竺空港开发区，北京兴谷经济开发区，北京雁栖工业开发区，北京密云工业开发区，北京八达岭工业开发区，北京市光机电一体化产业基地
上海 （40个）	闵行开发区，虹桥经开区，漕河泾开发区，松江经开区，上海化学工业经开区，上海张江高科技园区，紫竹高新区，上海外高桥保税区，闵行出口加工区，上海浦东新区，上海陆家嘴金融贸易区，上海市北工业园区，上海未来岛高新技术产业园区，上海新杨工业园区，上海宝山工业园区，上海月杨工业园区，上海崇明工业园区，上海枫泾工业园区，上海朱泾工业园区，上海富盛工业园区，上海浦东合庆工业园区，上海浦东空港工业园区，上海星火工业园区，上海嘉定工业园区，上海嘉定汽车产业园区，上海马陆市级工业园区，上海试点园区外冈工业园，上海国际汽车城零部件配套工业园区，上海徐行工业园区，上海莘庄工业园区，上海青浦工业园区，上海西郊工业园区，上海市松江工业园，上海浦东康桥工业园区，上海南汇工业园区，上海奉贤经济开发区，上海奉城工业园区，上海金山工业园区，上海佘山国家旅游度假区，金桥出口加工区
天津 （28个）	天津经开区，东丽经开区，西青经开区，北辰经开区，武清经开区，子牙经开区，天津滨海高新区，天津港保税区，天津保税物流园区，天津空港工业园区，天津军粮城工业园区，天津津南经济开发区，天津八里台工业园区，天津津南鑫达工业园区，天津双口工业园区，天津塘沽海洋石化产业园区，天津汉沽化工产业园，天津茶淀工业园区，天津大港经济开发区，天津大港石化产业园区，天津大王古经济开发区，天津武清福源工业园区，天津宝坻经济开发区，天津宁河经济开发区，天津潘庄工业园区，天津子牙工业园区，天津静海经济开发区，天津蓟州经济开发区
重庆 （48个）	重庆经开区，重庆高新区，重庆出口加工区，重庆两路寸滩保税港区，重庆建桥工业园区，重庆港城工业园区，重庆北部新区工业园区，重庆西永微电子产业园区，重庆井口工业园区，重庆九龙工业园区，重庆西彭工业园区，重庆茶园工业园区，重庆同兴工业园区，重庆万盛工业园区，重庆双桥工业园区，重庆空港工业园区，重庆涪陵经济开发区，重庆正阳工业园区，重庆晏家工业园区，重庆合川工业园区，重庆永川工业园区，重庆江津工业园区，重庆潼南工业园区，重庆铜梁工业园区，重庆大足工业园区，重庆荣昌工业园区，重庆璧山工业园区，重庆垫江工业园区，重庆武隆工业园区，重庆丰都工业园区，重庆梁平工业园区，重庆开县工业园区，重庆云阳工业园区，重庆市南川工业园区，两江新区工业园区，重庆总部经济园区，重庆忠县工业园区，重庆城口工业园区，重庆彭水工业园区，重庆万州工业园区，重庆巴南经济园区，重庆涪陵工业园区，涪陵桥南经济技术开发区，重庆綦江工业园区，重庆龙桥工业园区，重庆石柱工业园区，重庆秀山工业园区，重庆巫溪工业园区

第二章　板块驱动型城市概况与大西安城市板块产业发展现状

表2-2　省会（首府）城市开发区、产业园等名录（不含西安市）

城市	开发区、产业园等名录
石家庄 （11个）	石家庄经开区，石家庄高新区，河北平山西柏坡经济开发区，河北无极经济开发区，河北行唐经济开发区，河北正定现代服务产业园区，河北石家庄矿区工业园区，河北元氏经济开发区，河北灵寿经济开发区，河北高邑经济开发区，河北井陉经济开发区
太原 （6个）	太原经开区，太原高新区，太原留学生创业园，山西太原民营工业园区，太原不锈钢产业园区，山西清徐经济开发区
呼和浩特 （7个）	呼和浩特经开区，金山高新区，呼和浩特出口加工区，呼和浩特鸿盛工业园区，呼和浩特金海工业园区，呼和浩特裕隆工业园区，呼和浩特金桥经济开发区
沈阳 （13个）	沈阳经开区，沈阳高新区，沈阳出口加工区，沈阳（张士）出口加工区，沈阳海峡两岸科技工业园，沈阳道义经济开发区，沈阳辉山经济开发区，沈阳棋盘山经济开发区，沈阳雪松经济开发区，沈阳浑河民族经济开发区，沈阳-欧盟经济开发区，沈阳苏家屯工业园区，沈阳致远工业园
长春 （10个）	长春经开区，长春汽车经开区，长春高新区，长春净月高新区，长春宽城经济开发区，长春朝阳经济开发区，长春绿园经济开发区，长春双阳经济开发区，长春九台经济开发区，合隆经济开发区
哈尔滨 （5个）	哈尔滨经开区，哈尔滨高新区，哈尔滨松北经济开发区，哈尔滨平房汽车零部件产业园区，哈尔滨利民经济开发区
南京 （13个）	南京经开区，南京高新区，南京海峡两岸科技工业园，江苏南京出口加工区及南区，南京综合保税区（江宁），南京白下高新区，南京浦口经济开发区，江苏高淳经济开发区，南京化学工业园区，南京六合经济开发区，南京栖霞经济开发区，南京雨花经济开发区，南京江宁滨江经济开发区
杭州 （8个）	杭州经开区，杭州余杭经开区，杭州高新区，杭州钱江经济开发区，杭州萧山临江工业园区，杭州江东工业园区，萧山经开区，杭州之江国家旅游度假区
合肥 （9个）	合肥经开区，合肥高新区，合肥瑶海经济开发区，合肥庐阳工业园区，合肥蜀山经济开发区，合肥包河工业园区，安徽肥东经济开发区，安徽肥西桃花工业园区，安徽长丰双凤经济开发区
福州 （6个）	福州经开区，福州高新区，福州福兴经济开发区，福州台商投资区，福州元洪投资区，福州金山工业园区
南昌 （7个）	南昌经开区，南昌小蓝经开区，南昌高新区，南昌南工业园区，南昌昌东工业园区，南昌英雄经济开发区，江西新建长坡工业园区
济南 （6个）	济南高新区，济南出口加工区，济南经济开发区，济南临港经济开发区，济南槐荫工业园区，济南化工产业园区

19

板块驱动型城市产业耦合

续表

城市	开发区、产业园等名录
郑州（4个）	郑州经开区，郑州高新区，郑州出口加工区，河南惠济经济开发区
武汉（18个）	武汉经开区，武汉临空港经开区，湖北武汉出口加工区，武汉东湖新技术产业开发区，武汉吴家山台商工业园区，武汉江岸经济开发区，武汉江汉经济开发区，武汉汉阳经济开发区，武汉硚口经济开发区，武汉武昌经济开发区，武汉青山经济开发区，武汉洪山经济开发区，武汉汉南经济开发区，武汉蔡甸经济开发区，武汉江夏经济开发区，武汉盘龙城经济开发区，武汉阳逻经济开发区，武汉新港丨华中闽台产业新城
长沙（6个）	长沙经开区，长沙高新区，长沙天心工业园区，长沙金霞经济开发区，长沙雨花工业园区，湖南长沙暮云工业园区
广州（9个）	广州经济技术开发区、广州高新区、广州出口加工区、广州保税区（以上四区合署办公），广州白云工业园区，广州云埔工业园区，广州花都经济开发区，广州南沙经济技术开发区，广州南湖国家旅游度假区
南宁（6个）	南宁经开区，广西-东盟经开区，南宁高新区，南宁仙葫经济开发区，南宁六景工业园区，南宁江南工业园区
海口（4个）	海口高新区，海口保税区，海口桂林洋经济开发区，海南老城经济开发区
成都（8个）	成都经开区，成都高新区，成都出口加工区，成都新都工业园区，成都锦江工业园区，成都台商投资工业园区，成都金牛高新区，成都武侯工业园区
贵阳（4个）	贵阳经开区，贵阳高新区，贵阳白云经济开发区，贵州修文医药产业园区
昆明（4个）	昆明经开区，昆明高新区，昆明出口加工区，昆明滇池国家旅游度假区
拉萨（1个）	拉萨经开区
兰州（7个）	兰州经开区，兰州高新区，兰州新区，兰州永登连海经济开发区，兰州榆中和平工业园区，兰州九州经济开发区，兰州西固新城工业园区
西宁（2个）	青海高新区，西宁经开区
银川（2个）	银川经开区，银川高新区
乌鲁木齐（3个）	乌鲁木齐高新区，乌鲁木齐出口加工区，乌鲁木齐头屯河工业园区

表2-3 副省级城市开发区、产业园等名录（不含省会、首府城市）

城市	开发区、产业园等名录
深圳（4个）	深圳高新区，深圳出口加工区，深圳前海湾保税港区，深圳盐田保税物流园区
大连（4个）	大连高新区，大连保税区，大连出口加工区，大连金石滩国家旅游度假区
青岛（9个）	青岛经开区，青岛高新区，青岛保税区，青岛出口加工区，青岛环海经济开发区，青岛临港经济开发区，青岛前湾保税港区，青岛石老人国家旅游度假区，青岛保税物流园区
宁波（9个）	宁波经开区，宁波高新区，宁波保税区，宁波鄞州工业园区，宁波望春工业园区，宁波保税物流园区，宁波梅山保税港区，宁波出口加工区，宁波大榭开发区
厦门（7个）	厦门海沧投资区，厦门火炬高新区，厦门象屿保税区，厦门海沧保税区，厦门同安工业园区，厦门翔安工业园区，厦门出口加工区

表2-4 经济特区城市开发区、产业园等名录（不含副省级城市）

城市	开发区、产业园等名录
珠海（5个）	珠海经开区，珠海高新区，珠海保税区，珠海金湾联港工业园区，珠海富山工业园区
汕头（4个）	汕头保税区，汕头高新区，汕头金平工业园区，汕头龙湖工业园区
喀什（1个）	喀什经济开发区
义乌（1个）	浙江义乌工业园区

还需要指出的是，从1992年10月至2015年6月，国家还在若干重点城市设立了一批国家级新区，包括上海浦东新区、天津滨海新区、珠海横琴新区、重庆两江新区、舟山群岛新区、甘肃兰州新区、广东南沙新区、陕西西咸新区、贵州贵安新区、青岛西海岸新区、南京江北新区等。这些新区大都以开发区体制运行，事实上构成了城市发展的重要一极，特别是陕西西咸新区又下设5个新城，也因此进一步增加了大西安作为研究对象的典型性。

第二节 西安市城市板块及其产业发展现状

一 西安高新区

西安高新区是1991年3月经国务院批准设立的国家级高新技术产业开发区，位于西安市西南部的科技文化区，依托科技资源、推动科技创新是西安高新区快速起步和实现可持续发展的不竭动力。西安高新区规划面积为307平方千米，已完成开发配套面积为60平方千米。现拥有各类企业16800多家，形成了电子信息、先进制造、生物医药、现代服务业四大主导产业和通信、光伏与LED、电子元器件、电力设备、汽车、生物医药、软件与服务外包、创新型服务业八大产业集群，探索出一条在我国内陆地区发展高新技术产业的成功路子，成为陕西、西安最大的经济增长极，被国家确定为要建成世界一流科技园区的六个高新区之一。[1] 近年来，西安高新区狠抓企业孵化、平台建设、人才扶持和产业培育，各项工作取得了新进展，主要经济指标持续保持30%以上的增长。

特别是，在国家相关部门的大力支持下，高新区成功引进了三星电子高端存储芯片项目，一期第一阶段投资70亿美元，成为我国电子信息领域最大的外商投资项目。该项目从2012年4月10日正式签约到9月12日破土开工，仅仅用了5个月的时间，项目正式投产后，可实现年销售产值660亿元，带动配套企业100多家。

2015年，西安高新区年营业收入达到1.27万亿元，在全国146个高新区中位居第三；企业总数超过四万家，位居全国高新区第二。[2] 截至2017年，累计注册企业4万余家，累计转化重大科技

---

[1] 《西安高新技术产业开发区》，《中国材料进展》2015年第5期，第417页。
[2] 《西安高新区：2015年营业收入居全国高新区第三位》，和讯网，2016年4月25日，http://news.hexun.com/2016-04-25/183517348.html。

成果20000多项，已成为中国中西部地区经济规模最大、创业创新最为活跃的科技园区和国家确定的六个要建设成为世界一流科技园区的高新区之一。[1]

二 西安经开区

西安经济技术开发区成立于1993年9月，于2000年2月被国务院批准为国家级经济技术开发区；2002年6月设立西北首家国家级出口加工区；2006年12月成为全国首批开展保税物流功能试点的国家级出口加工区；2010年2月被工信部批准为首批国家新型工业化示范基地。[2] 2011年3月西安市级行政中心整体迁入，使其作为"西安城市中枢+新兴产业高地"的复合优势得到集中体现。

西安经开区由中心区、泾渭新城、出口加工区、草滩生态园四大功能园区组成。目前，西安经济技术开发区的主导产业有商用汽车产业、电力电子产业、食品饮料产业、新材料产业、光伏半导体产业、风电设备产业、兵器科技产业、服务外包产业等。"十三五"时期，国家"丝绸之路经济带"战略持续加快推进，西安经开区抢抓机遇、勇于担当、积极作为，全面实施"11246"战略，即：坚持"产业立区、工业强区"的宗旨不动摇，围绕"建设具有国际竞争力的一流开发区"的目标，实现重大项目招商、发展空间扩展"两个突破"，强势推进高陵装备工业组团发展、加快草滩城市服务中心建设、实施中心区改造提升、全面提升城市管理水平"四项重点任务"，提升创新能力、产业发展、人才聚集能力、城市综合治理能力、公共服务能力、对外开放能力"六大工程"。

2016年经开区累计注册登记各类企业20000余家，其中外资企

---

[1] 《火了！西安高新区荣登全国第四，紧追北京上海！》，搜狐网，2017年2月26日，https://www.sohu.com/a/127276355_351147。

[2] 《西安经济技术开发区》，招商网络，2022年2月11日，http://xetdz.xa.gov.cn/zsyz/tzhj/qyjj/1.html。

业200余家，实现营业总收入5250亿元，同比增长20%；实现服务业增加值197.85亿元，同比增长10.3%；实现限额以上消费品零售总额242.55亿元，同比增长18.4%；服务业企业数量占到全区企业数量的80%以上，达到16000余家，大型商业综合体、星级酒店纷纷入驻，商务楼宇拔地而起，逐步呈现聚集发展态势。2017年上半年，经开区64个市级重点在建项目实现投资134.7亿元，占年度计划投资的63.4%，其中，6个计划新开工项目中超导钛合金、中铁西北产业园、国药、九州通4个项目已开工建设，58个续建项目中嘉民电子商务产业园、智巢电子信息产业园等6个项目已竣工投产，其余项目基本按计划推进，为经开区经济社会发展不断注入新动力。[①]

三　西安曲江新区

曲江新区位于西安市东南，是历史上著名的皇家园林所在地，是陕西省、西安市确立的以文化、旅游为主导产业的开发区，全国首批两个国家级文化产业示范园区之一，全国首个区域性、多景点整体晋级的国家5A级旅游景区，并荣获中国人居环境范例奖。[②] 曲江新区核心区域面积共计51.5平方千米，同时辐射带动大明宫遗址保护区、西安城墙景区、临潼国家旅游休闲度假区和楼观道文化展示区等区域，形成文化产业全新发展格局。

2002年以来，曲江新区先后完成大雁塔北广场、大唐芙蓉园、曲江国际会展中心、曲江池遗址公园、大唐不夜城等一批重大文化项目建设，组建了曲江文化产业集团、曲江文化旅游集团、曲江文化商业集团等一批大型企业集团，制定了"文化基金+贷款担保+风险投资+财税补贴+房租减免+专项奖励+小额贷款"七位一体的产

[①] 《西安经开区推进重点项目 打造万亿级产业走廊》，凤凰网陕西，2017年10月16日，http://sn.ifeng.com/a/20171016/6070849_0.shtml。
[②] 《新区概览》，曲江新区管委会官网，2021年9月17日，http://qjxq.xa.gov.cn/zjqj/xqgl/1.html。

业扶持政策，文化旅游、会展创意、影视动漫、出版传媒等文化产业门类迅速发展，产业链条日益完善。

未来几年，曲江新区将以曲江二期扩区为发展契机，积极抢抓西安国际化大都市和"丝绸之路经济带"新起点建设的重大历史机遇，全面推进雁翔路国家级文化产业聚集区（QCIC）和西安中央文化商务区（CCBD）两大文化产业园区的开发建设。以"三城两业"（"三城"即老城改造、新城建设、城乡统筹，"两业"即文化旅游产业、现代服务业）为发展思路，改革创新，统筹兼顾，着力提升市场经营能力和社会治理能力，着力提升经济社会发展质量，始终走在全国文化建设和城乡统筹发展的前列，在西安国际化大都市和"丝绸之路经济带"新起点建设中领航前行、奋发有为，做出新的更大贡献。

四 西安浐灞生态区

西安浐灞生态区于2004年9月经西安市委、市政府批准成立，规划面积共计129平方千米，集中治理区共计89平方千米，是西北地区首个国家生态区、国家水生态系统保护与修复示范区，也是欧亚经济论坛永久会址、2011西安世界园艺博览会和西安领事馆区所在地，整个生态区呈"一心三翼"的布局。[1]

成立以来，西安浐灞生态区坚持生态立区战略，按照"打造国际化管理团队，建设现代化生态新城"的目标，以"生态化、城市化、产业化、国际化"为导向，加强生态建设，完善配套，培植产业，初步建立了生态治理与城市建设统筹兼顾、良性互动的可持续发展模式。目前，西安浐灞生态区的亮点品牌主要有西安世园会、西安金融商务区、欧亚经济综合园区核心区、西安领事馆区、浐灞国家湿地公园以及桃花潭公园。

西安浐灞生态区按照发展现代服务业的定位，积极培育产业，基

---

[1]《浐灞生态区：西安城东区域璀璨的明珠》，搜狐网，2016年4月22日，https:∥www.sohu.com/a/70885756_117335。

本建立了集金融商贸、总部经济、会展旅游、文化创意于一体的现代服务业体系。"十二五"期间累计实现地方财政收入150亿元,固定资产投资累计完成1223亿元,引进资金累计实现378亿元。2016年,生态区实现地区生产总值88.95亿元,年均增长10%;实现服务业增加值62.96亿元,占地区生产总值的70%以上,其中金融业增加值24.06亿元,旅游业增加值5.23亿元,生态区优势产业逐渐明晰。①

目前,支柱产业整体规模更加壮大、主导产业拉动作用更加强劲、特色产业品牌效应更加凸显,基本形成具有区域特色的现代服务业产业体系,并累计落地招商项目130个,引进世界500强、国内300强等龙头企业46家。而在特色小镇的建设上,浐灞生态区也进行了有益探索,先后建成运营灞柳基金小镇和世园罗曼小镇两个"特色小镇",并正在积极推进西安大数据小镇项目。浐灞生态区目前重点发展"3+3+2"的现代产业新体系,形成金融、会议会展、生态旅游三大支柱产业,文化创意、新兴产业、现代商贸三大主导产业,健康体育、涉外商务两大特色产业。并已形成酒店产业联动发展的"群岛效应",产业互促共赢效应逐步凸显。②

五 西安国际港务区

建设西安国际港务区是陕西省委、省政府,西安市委、市政府调整产业结构,转变经济发展方式,提升现代服务业发展水平,打造内陆地区开发开放战略高地的创新举措。西安国际港务区是中央深入实施西部大开发战略和《关中—天水经济区发展规划》中明确支持发展的重点区域。③

---

① 《浐灞生态区产业发展白皮书核心内容要点》,新华网陕西,2017年5月19日,http://sn.xinhuanet.com/snzx/20170519/3713244_c.html。
② 《浐灞生态区加快追赶超越步伐》,搜狐网,2017年3月8日,https://www.sohu.com/a/128274442_576668。
③ 《打造陆海联运枢纽 助力"一带一路"建设》,凤凰网陕西,2015年5月23日,http://sn.ifeng.com/special/gwq/。

第二章　板块驱动型城市概况与大西安城市板块产业发展现状

西安国际港务区位于西安主城区东北部灞河与渭河之间的三角洲地带，规划控制区面积120平方千米，规划建设区面积44.6平方千米。园区规划形成六大功能主轴（绕城高速—北三环路、西禹高速、规划机场高速联络线、草临路、纺渭路及港务西路），八大功能分区（集装箱作业区、综合保税区、国内贸易区、综合服务区、居住配套区、应急物流园区、产业转移承接区、城乡统筹建设区）。园区通过将沿海的港口口岸服务功能内移至西安，借助西安铁路集装箱货运中心站、西安综合保税区、西安公路港的功能叠加效应，实现公（路）、铁（路）、空、海等多式联运的便捷、高效运转，从而有效发挥西安的交通枢纽优势，提高物流效率，降低物流成本，以大物流带动服务业的大发展，推动产业聚集和提升。西安国际港务区的产业发展定位是建设"中国最大的国际型陆港和黄河中上游地区最大的商贸物流集散中心，打造现代服务业新城"。

西安国际港务区以现代物流和现代服务业为特色，将探索社会经济一体化新路径，着力打造城乡统筹协调发展先导区，承担"以大物流带动大服务，以大服务升级大产业，以大产业推动大城市，为大城市开创大未来"的光荣使命，推动建成一座现代化、生态化、国际化、宜商宜居的东部新城。2016年，国际港务区签约重点项目47个，签约金额超过440亿元；实际利用外资、内资增速在全市各开发区中分别位列第2和第4；全年引进国内外500强企业11家，财政一般预算收入提前50天完成全市目标责任考核任务，其中税收收入占70%以上，主要经济指标实现了25%以上的增长。[①] 2016年安排各类建设项目135个，其中21个市级重点建设项目完成投资70.47亿元，完成全年任务的111.54%。省、市高度关注的西安体育中心、中国邮政西安邮件处理中心、西安铁路枢纽新建新筑物流基地、西安综合保税区二期等重点项目的征迁建设工作

---

① 《西安国际港务区连续三年荣获全市目标责任考核优秀单位称号》，搜狐网，2017年3月23日，https://www.sohu.com/a/130016988_671758。

正加速推进。①

六 西安航空基地

西安阎良国家航空高技术产业基地,是国家发改委 2004 年 8 月批复设立、2005 年 3 月正式启动建设的国内首个国家级航空高技术产业基地,旨在依托陕西雄厚的航空工业基础,促进航空及其关联产业做大做强。2010 年 6 月,经国务院批准,航空基地升级为国家级陕西航空经济技术开发区,是我国目前唯一以航空为专业特色的国家级经济技术开发区。②

西安市渭北工业区发展规划明确,由航空基地、阎良区与临潼区共同建设航空工业组团,组团规划建设面积为 110 平方千米。西安航空基地拥有"一基地四园区"的空间布局。"一基地"指国家航空产业基地;"四园区"分别是阎良航空核心制造园、蒲城通用航空产业园、咸阳空港产业园和宝鸡凤翔飞行培训园。

目前,西安航空基地已经初步构建了集飞机设计、生产制造、试飞鉴定、教育培训、旅游体验、交流会展等于一体的航空产业集群,形成了特色鲜明、内容丰富、配套完善、功能互补、多园区联动的新型航空产业带。西安航空基地"全产业链"构建发展模式得到国家相关部门的肯定和支持,先后被相关部门认定为"国家科技兴贸创新基地""国家火炬计划航空特色产业基地""国家新型工业化产业示范基地""通用航空产业试点园区""中国产学研合作创新基地"等。

2015 年,航空基地实现规上工业总产值 26.17 亿元,同比增长 27.9%;实现规上工业增加值 9.28 亿元,可比价增速达 20.1%;完成固定资产投资 103.85 亿元,同比增长 17.5%;完成工业固定资产

---

① 《西安铁路枢纽新筑物流基地开建 力推"西安港"再升级》,华商网,2016 年 11 月 1 日,https://www.sohu.com/a/117799115_119659。
② 《陕西省国家级经济技术开发区名单(最新)》,腾讯内容开放平台,2021 年 7 月 17 日,https://page.om.qq.com/page/OQw_CzV4PafJ12W0_V8lx8Tw0。

投资37.4亿元,同比增长41.1%;实现工业总产值68.8亿元,同比增长25.1%;实际引进内资50.4亿元,同比增长14.4%;实际利用外资3540万美元,同比增长13.5%。[①] 一批重点项目的实施,对西安航空基地产业发展产生提质增效作用。[②]

七 西安航天基地

西安国家民用航天产业基地(以下简称"航天基地")成立于2006年11月,是陕西省、西安市政府联合中国航天科技集团公司建设的航天技术产业和国家战略新兴产业聚集区,也是西安建设国际化大都市的城市功能承载区。2010年6月,其被国务院批复为国家级陕西航天经济技术开发区。

航天基地位于西安市主城区东南部,南依秦岭、北瞰曲江、西邻城市中轴、东接万亩林带,规划总面积达86.65平方千米,分为两期开发建设。一期由工业区、研发区、居住区、核心区、配套服务区五个功能板块组成,规划总面积为23.04平方千米。航天基地以航天产业为先导,带动高新技术产业的全面发展,全力推进战略性新兴产业、高端制造业及服务业的发展,目标是建成中国最具特色的军民融合与民用航天、新能源及战略性新兴产业基地,打造宜商宜居的世界一流航天产业新城。

航天基地产业特色鲜明,以航天军工、航天民用、卫星应用、通用航空、新能源、高端装备制造为主导的军民融合产业初具规模,"十二五"以来完成固定资产投资650亿元,工业总产值近800亿元,大口径财政收入约170亿元,入区企业7500余家。规模以上工业增加值连续多年在全市保持第一,航天基地成为陕西省和西安市做强

[①] 《围绕一架飞机 打造一座新城 渭北阎良航空组团四年发展全景扫描》,搜狐网,2016年7月7日,https://www.sohu.com/a/101865889_160914。
[②] 《西安航空基地30个项目集中开工 总投资102.3亿》,搜狐网,2016年3月24日,https://www.sohu.com/a/65599147_115427。

工业、实现新型工业突围的重点区域。

航天军工产业。其主要为载人航天、探月工程、各类卫星提供关键的技术、装备和有效载荷。航天四院是我国规模最大、实力最强的固体火箭发动机研制单位，六院是我国唯一的液体火箭发动机研制单位，五院西安分院是我国卫星有效载荷的核心力量，总参测绘研究所主导我国卫星遥感遥测产业，西安卫星测控中心是我国在轨卫星测控运营管理的中枢神经，中科院国家授时中心承担我国标准时间的产生、保持和发播任务。

航天民用产业。依托航天四院固体火箭发动机技术，开发出增雨防雹火箭、双金属复合油气管、碳碳复合材料、刹车盘、薄膜传感器等产品。依托航天六院火箭发动机技术，形成了特种泵阀、自动变速器、印刷包装机械、热能工程装备、垃圾热解技术装备、石油化工装备产业集群。依托九院航天装备技术，开发了赛能工业机器人及自动化产品。中国兵器北方电子集团在人工影响天气、海事雷达、移动通信、主动拒止系统等领域均有建树。航天基地已成为国内最具代表性和影响力的"产业特色鲜明、基础配套完整、支撑服务体系完善"的军民融合产业聚集地之一。

卫星及卫星应用产业。航天基地卫星及卫星应用产业链初具规模，卫星通信、卫星导航、卫星遥感三大产业齐头并进，产业高地效应凸显。目前共聚集卫星应用重点建设项目40余个，合同总投资愈180亿元，航天基地已成为我国卫星应用产业最为聚集的区域之一。

通用航空产业。航天基地充分发挥空域资源优势，已建成以无人机、直升机和运动飞行器为主的国家三类通用机场。目前，正在按照省政府作为区域交通枢纽通航机场的定位扩建国家三类通航机场。2016年底，投资35亿元的陕航集团产业组团和美国贝尔直升机组装项目落户，并将围绕通航运营、零部件生产、测试、维修、培训、服务等，打造百亿级的通航产业示范区。

新能源新材料产业。重点发展高转化效率太阳能电池及组件生产、系统集成、光伏应用等产品，推进产业链整合，延长产业价值链，做大做强光伏中下游产业链；依托国家电投西安太阳能电力有限公司、隆基绿能科技股份有限公司、易事特集团等多家领军企业，构建以"硅料—硅片—太阳能电池—光伏组件—分布式光伏发电"为主的光伏全产业链。①

高端装备制造产业。现已聚集通号（西安）轨道交通工业集团、西安铁路信号有限责任公司、全路通号器材研究所、西安和利时系统工程有限公司、西安西隆电气有限责任公司、西安华信铁路技术有限公司等知名企业，2016年产值将近60亿元，产业集群规模初现。2017年5月，中国铁路通信信号集团与航天基地签订通号工业研究院项目的入区协议，航天基地将与中国通号在高端装备产业领域、轨道交通开发领域等方面积极开展全面合作，助力西安国家中心城市建设和中国通号健康持续发展。

八 西安灞河新区

西安灞河新区位于西安市主城区东部，东靠洪庆山国家级城市森林公园、南邻西安绕城高速并与曲江新区隔河相望，北邻华清路与西安浐灞生态区、西安国际港务区相连，规划总面积约60平方千米。2007年成立以来，以传统纺织企业搬迁改造为突破，不断加大投资开发力度，初步形成了以纺织城旧城商贸区、浐灞河水岸生态经济带、浐河配套开发区、洪庆新型工业区为承载，以文化创意、新兴工业、商贸金融、现代物流为主导，以城市地产、生态旅游、总部经济为支撑的产业结构体系。重点开发项目包括堡子村商圈、新寺商圈、东三环商贸经济带、东城高端汽车主题公园、灞河生态经济带、现代纺织产业园区、纺织城创意文化区。

2012~2016年，灞河新区累计实施各类项目153个，完成投资

---

① 《产业定位》，西安航天基地官网，2021年5月17日，http://xcaib.xa.gov.cn/zsyz/cydw/5e86ec2165cbd82d678a74a3.html。

415亿元，占全区总投资额的70%以上，纺织城核心区配套设施不断优化，人居环境显著改善。棚户区改造稳步推进，完成了南程村、柴马村等10余个村整村拆除，永丰村、堡子村等10余个村顺利回迁，席王街道曹堡村等五村改造正在积极谋划，五星村拆迁已全面启动，六棉棚户区拆迁全部完成。争取"三供一业"中央财政补贴资金6.2亿元，纺织老厂区搬迁改造被列为全国首批老工业区整体搬迁改造试点，半坡国际艺术区被列为西安现代服务业综合改革试点。洪庆新城建设全面提速，被列入全市海绵城市试点。纺织产业园区初具规模，累计引进项目47个，竣工投产26个，被授予"陕西省新型工业化纺织产业示范基地""中国纺织产业基地"。[1]

九 西安大兴新区

大兴新区位于西安城区的西北隅，南起大庆路，北至汉长安城遗址，东至朱宏路—二十六街—北关正街—红庙坡路—星火路—环城西路北段，西至西二环，总规划面积约17平方千米。其中，莲湖辖区约13平方千米，未央辖区约1.7平方千米，团结水库水环境综合治理区约1.3平方千米。

西安大兴新区作为西安市委、市政府批准实施的首个成片旧城改造、工业企业搬迁改造区域，是西安城市规模化综合改造的重要区域，其综合改造是西安建设国际大都市、推进城市建设的重大工程，也是莲湖区经济发展的重要增长极。

大兴新区将建设以五金机电贸易业、商贸服务业、住宅房地产业为主导产业的国际化、现代化商住商贸宜居新区。按照西安市委、市政府的总体要求，以北郊城河退水明渠、陇海铁路为界划分三大板块分步实施。综合改造主要包括市政基础设施建设、新区公建配套、生

---

[1] 《政府工作报告——灞桥区第十七届人民代表大会第一次会议上》，西安市灞桥区政府官网，2016年12月26日，http://www.baqiao.gov.cn/zwgk/zfgzbg/zfgzbg/5dc152a465cbd804f6a7b55f.html。

态环境优化、城中村改造与企业搬迁、房地产开发五方面内容。新区总体规划项目规划通过了市政府审批,并荣获了中国城市规划学会、中国建筑学会、中国风景园林学会评选的第七届2007年全国人居经典建筑规划设计方案竞赛规划、环境双金奖。

大兴新区规划总体布局是"两带、三线、九里坊",将建成以商贸服务业、五金机电贸易业、住宅房地产业为主导产业的国际化、现代化、生态化商住商贸宜居新区。

十 西安土门地区

土门地区是西安市委、市政府确定的重点开发建设的城市片区,区域位于西安城西部,地处高新区、沣东新城、经开区、大兴新区的重要衔接地带,是西咸一体化的连接枢纽和城市西大门。综合改造范围西至阿房路、阿房南路,东至劳动路,北与大兴新区、未央区接壤,南至昆明路、丰庆路,总规划面积为14.97平方千米。土门地区以国际商务为核心,以科技研发、商业商贸为两翼,以文化旅游为特色,以都市居住为配套,形成一个活力永续、魅力彰显、繁荣发展的国际西安新型城市中心,产业方向主要为商务办公、商业商贸、科技研发、文化旅游以及都市居住。[①] 土门地区综合改造将按照"一次规划、连片开发、分期实施、点面结合"的原则,围绕西安国际化大都市建设,通过基础设施更新、公建配套完善、区域环境优化、企业搬迁升级扩能、城中村棚户区改造五个方面工作,将土门地区打造成为国际商务区、中央活力区。

土门地区向东承接皇城发展,向西联动西咸板块,是西安国际化大都市发展的核心板块。这里是"一五""二五"时期重要的电工城,工业基础雄厚。通过与高新区、经开区、渭北工业区产业错位发展,形成以生活型服务业和生产型服务业为主的产业链,发挥服务中

---

① 《西安土门地区综合改造简介》,西陆网,2014年8月26日,http://shizheng.xilu.com/20140826/1000150002955552_2.html。

枢作用。通过对土门地区产业的升级、创新和扩容，实现从传统制造业、商贸业向现代服务业升级发展，围绕"中央活力区"产业功能体系，构建新土门"园区、街区、社区"三级特色活力产业聚集发展结构。其空间更新按照"混合多元、大疏大密、集中安置、公交都市、三区把控、持续发展"的六大原则，对土门地区空间格局进行更新，形成以中央活力区为发展目标的新空间结构。

2016 年，完成区域内企业搬迁改造，基本完成市政基础设施和公建配套建设，引进一批世界 500 强企业、国内知名企业集团分支机构入驻发展，建成 3～5 条特色街区，新增就业人口 5 万～8 万人，商贸新区、宜居新区、生态新区的发展格局基本形成。据悉，目前土门地区内道路网骨架已基本形成。在规划方案中，规划区外部交通可通过三横三纵的主干道，与外部快速路及城市主干道顺畅对接；规划区内部增加城市支路 19 条，充分考虑公共停车场等静态交通规划。提升具有拓宽条件的支路、次干道道路等级，将现状通道、断头路打通形成支路。经过调整，道路网密度由原来的 13% 提高为 18%。①

十一 西安幸福路地区

幸福路地区综合改造范围东起酒十路延伸线，西至东二环，北起华清路，南至新兴南路。规划面积达 17.63 平方千米，总投资 1300 亿元，其中市政基础投资达 120 亿元。

幸福路地区规划定位为集中央商贸、国际商务、休闲娱乐、文化创意于一体的西安市东部区域的商贸核心区、总部聚集区。沿幸福林带两侧发展商务总部经济带；围绕长乐路十字和咸宁路十字形成综合商务、商贸核心；沿长乐路与咸宁路向东西发展城市综合服务产业链；形成华清路商业中心、西北商贸中心、建工路商业中心以及西影路商业中心。《幸福路地区综合改造总体规划》共规划九个居住单

---

① 《土门综合改造拟今年启动》，新浪新闻中心，2012 年 8 月 28 日，https://news.sina.com.cn/o/2012-08-28/051925048465.shtml。

元，在每个单元的中心位置配置功能完善的服务中心，是最适合人居的社区。[1]

幸福路地区以幸福林带建设为核心，着重建设"一带三廊三轴四中心"的绿化景观结构，可增加绿化覆盖面积100万平方米。"一带"为幸福林带，系区域改造的核心工程；"三廊"指沿咸宁路、西影路、洒十路的绿化廊道；"三轴"为沿华清路、公园南路、幸福南路景观绿化轴；"四中心"包括长乐公园和秦庄襄王墓城市公园景观核心以及三个区级景观核心。

根据地区特点，将部分企业厂房改造成兵器博物馆、集中体现我国国防工业和军事建设成就的"历史窗口"以及多功能爱国主义教育基地。借助原有商业氛围及发展模式，打造金康路茶文化商业街、公园南路文化主题商业街、康宁路北侧酒吧餐饮街等多条特色商业街，大力发展文化产业。建立集产学研于一体的创意基地，利用西安高校优势，开展设计类课程，通过创意人才提升区域的创意产业知名度。未来，一个生态文明、社会和谐的新型城区将奏响幸福路地区新时代的最强音。

十二 西安市小寨地区

为进一步加快小寨地区开发改造，推动区域经济协调发展，经市委、市政府研究，决定成立西安市小寨地区综合改造管理委员会（市编发〔2013〕22号）。市小寨地区综合改造管理委员会全面负责小寨地区综合改造工作，统筹协调和指导小寨地区综合改造的各项事务，受市级相关部门委托行使小寨地区综合改造范围内发改、规划、国土、商务、城（棚）改等相关行政管理职能。小寨地区综合改造的范围北起南二环，南至丈八东路、天坛路和西影路，西起含光路，东至长安南路、翠华南路、西延路，总规划面积达9.1平方千

---

[1] 《城东这个世纪工程！即将改变西安的城市格局，曾被搁浅65年！》，搜狐网，2017年9月17日，https://www.sohu.com/a/192569472_355339。

米。小寨地区综合改造范围内的新建项目发改、规划、国土、商务、城（棚）改手续办理由市小寨地区综合改造管理委员会统一受理，在此范围内原已纳入行政审批许可的项目需到小寨地区管委会办理备案登记。[①]

小寨地区2015年重点工作：工作目标是实现城市更新和产业升级；主要工作内容是整合开发土地资源，完善基础配套设施，提升公共环境与服务水平，升级商业业态；实现路径是以城市规划和产业规划为引领，以城（棚）改和国有土地收储开发为载体，重点推进整片区域综合改造。

2016年底，小寨地区跻身全市七大重点开发片区，赛格国际购物中心等28个重大商贸项目建成运营，高水平打造了兴善寺西街等一批特色主题街区，布局商业总面积达到410万平方米，已成为西安乃至全省商业版图中一颗璀璨的明珠；赛格国际购物中心凭借45亿元销售额在2016年全国单体零售商贸场所销售业绩排名中位列第八。

小寨地区将着力推进长安南路、小寨东西路经济轴带建设，加快智慧商圈建设，加速东八里片区改造进度，启动西八里、东小寨片区整体拆迁，推进信达片区进入实质性改造阶段，全面实施兴善寺西街业态调整，突出抓好商圈内10个重点项目建设，确保完成投资16亿元。

十三 西安临潼国家旅游休闲度假区

2010年4月，曲江新区、临潼区合作共建西安临潼国家旅游休闲度假区（以下简称"临潼度假区"）。临潼度假区位于西安市东北方向、临潼区西南，规划面积达27.33平方千米。作为践行陕西"文化强"战略和西安国际化大都市建设的重大示范工程，临潼国家度假区以享誉世界的旅游资源为依托，以建设世界一流旅游目的地为

[①] 《西安市小寨地区综合改造管理委员会公告》，兵马俑在线，2014年7月11日，http://news.wmxa.cn/n/201407/117878.html。

目标，以统筹城乡发展为引擎，以"文化先导、旅游主导、生态先行"为开发原则，创新发展思路，实施"重大项目带动"和"国际品牌引进"双重战略，形成了以文商旅游城、温泉酒店城、演艺娱乐城、斜口旅游镇、"骊山·七彩乡村"建设为构架的"三城一镇一乡"发展格局。①

近年来，临潼度假区通过实施基础设施工程和"水泉园林"大型生态配套工程，实现区域主干道一二级路网以及配套路桥的全线贯通，配套绿化面积近80万平方米，建成开放大唐华清城、芷阳广场等一批文化生态公园，促进区域发展环境、生态环境和投资环境的根本性转变，吸引了一大批国内外知名企业深度开展产业和项目合作。"十三五"期间，临潼度假区大力推进芷阳湖、紫霞湖、凤凰池工程建设，打造山水新骊山；以民俗文化体验小镇建设为抓手，打造一批美丽乡村示范基地；以绿色城镇化建设为抓手，系统提升区域基础设施配套水平，成为西安绿色生态文明建设典范区域。②

十四 西安常宁新区

西安常宁新区位于长安区中部，东依神禾原、西临西沣公路、南到滈河南岸、北至潏河北岸及学府大道，规划总面积50.5平方千米，规划建设用地42.4平方千米。常宁新区坚持"生态立区"，高起点规划、高标准建设，着力提升宜居环境品质，增强区域发展的持续性和宜居性，推动形成绿色低碳的生产生活方式和城市建设运营模式。③

常宁新区是西安五个城市组团之一，是市委、市政府"南优战略"主阵地，是"品质西安"建设的重要板块。2009年，根据西安市第四轮城市规划修编"一城多心"发展格局，区委、区政府在常

---

① 《西安临潼国家旅游休闲度假区》，《法治与社会》2014年第2期，第76~79页。
② 《西安临潼国家旅游休闲度假区》，《法治与社会》2018年第1期，第74~75页。
③ 《常宁概述》，西安常宁新区官网，2022年2月12日，http://www.changningxinqu.com.cn。

宁组团基础上成立长安常宁新区。2014年2月，《常宁新城总体规划修编（2014~2020年）》通过市政府审批。同年9月，经市委常委会审定，市编委批准设立西安市常宁新区管委会（正区级），并授予部分市级管理权限，实行"市级机构，区属管理"。近年来，新区先后投资7亿元，实施了长安大道、神禾二路、城南大道、东西一号路、南北五号路等6条道路建设工程；投资2亿元完成三水厂引水复线、常宁110千伏变电站、东西五号路综合管廊等市政配套工程；投资10亿元启动潏河湿地公园建设及城市段综合治理工程。2016年常宁新区共实施重点项目69个，累计完成投资57.8亿元，占全年总投资目标额的114%。重点项目的加快实施，为常宁新区快速持续发展注入了强劲动力。

2017年以来，常宁新区对区内土地按片区功能进行分析测算，包装策划了核心区综合片区、潏滈文化公园、企业总部B区等一批重大片区招商项目。管委会先后与绿地集团、恒大集团、陕能集团等签署合作协议，其中，绿地集团计划投资210亿元打造常宁"城中之城"；恒大集团计划投资200亿元打造恒大养生谷·健康特色小镇；陕能集团计划投资450亿元建设西安大学城长安梦想小镇。另外，常宁医院、铁一中湖滨学校、西电附小等医疗、教育项目纷纷签约入驻，常宁新区发展备受瞩目。

十五　西安汉长安城国家大遗址保护特区

汉长安城遗址，位于渭河南岸，与秦阿房宫隔河相望，是我国迄今规模最大、保存最为完整、遗迹最为丰富、文化含量最高的都城遗址。现存的汉长安城遗址区位于陕西省西安市未央区，城垣内遗址区面积达36平方千米，城垣外建章宫遗址区面积达9.38平方千米。

按照《西安汉长安城国家大遗址保护特区实施方案》，特区建设将按照"保护为主、抢救第一、合理利用、加强管理""统筹城乡、改善民生""文化遗产保护与城乡建设相融合""统一规划、统一领导、分步实施"四大原则进行。特区规划范围总面积为75.02平方千米,包括城址区、建章宫遗址区、礼制建筑区和景观协调区,建设分三个阶段实施。①

第一阶段为2012年至2013年12月,启动、完成汉长安城未央宫遗址申报丝绸之路世界文化遗产工作,这也是特区先期启动项目。项目范围西至西三环路东缘,北至直城门大街北缘外扩20米,东至安门大街东缘外扩20米,南至护城河外扩30~100米,包括西安门外由城市快速干道进入遗址入口区域,共计7.14平方千米。项目内容主要包括申遗区域内建筑拆除、环境整治、道路系统建设、遗址保护展示、考古工作现场展示、博物馆建设等。2013年7~8月接受国际专家验收。

第二阶段为2014年1月至2015年12月,完成汉长安城遗址考古普探成果的规划调整和主要文物本体的保护和展示。全面启动特区建设范围内的基础设施建设。

第三阶段为2016年1月至2020年12月,完成汉长安城考古遗址公园建设。启动特区整体保护和建设项目并取得阶段性成果,使其成为体制机制完善、管理科学高效、人民安居乐业、生态环境良好、历史文化特色突出的城市新区,成为彰显华夏文明历史文化的重要基地,为西安建设富有历史文化特色的国际化大都市提供文化支撑。

目前,除了正在日益焕发出活力的未央宫外,整个汉长安城遗址区的建设也在稳步推进。首先是有序推进以直城门大街、安门大街、宣平门大街为重点的道路系统展示工程;其次是推进以未央宫、明光宫、长乐宫、渭河古桥为重点的遗址本体保护展示工程;最后是推进以城墙、城门、宫门等为重点的城郭展示工程。②

---

① 《汉长安城国家大遗址保护特区》,百度百科,http://baike.baidu.com/link?url=dPmZ-gw96kRGpblOpfBRclFz48Z8Ef3-5RAzgYB1bfr5NqCUYSuGw1YKB_nuXtL6BrVvvf9r9hePgATGk2remK。

② 《汉长安城遗址何时能够"醒来"?》,搜狐网,2016年11月16日,https://www.sohu.com/a/119132526_501362。

十六　西安秦岭生态保护区

秦岭生态保护区规划总面积达5852.67平方千米，北至环山路以北1千米，东、西、南至西安市行政界限，涉及周至、鄠邑、长安、蓝田、灞桥、临潼六区县，50个乡镇。东西长约164千米，南北宽约34千米，占西安市总面积的57.9%，其中25度坡线以上的山区面积达5319.64平方千米。[①]

秦岭生态保护区以保一山碧绿、护八水长流为规划目标，强调统筹规划、保护优先、科学利用、严格管理的规划方针。秦岭是西安千年文明的造就者，是西安市的生态安全屏障，是西安城市可持续发展的依托，是西安市建设国际化山水城市、人文城市的重要资源。秦岭生态保护区以生态环境保护为纲，以实现城乡统筹为领，以促进和谐发展为重，以适应人居休闲为主。

近年来，西安国际地位不断提高，特色经济板块快速发展，城市骨架进一步拉大，秦岭作为西安市重要的旅游板块，逐步融入西安市经济辐射带动圈。为贯彻落实《陕西省秦岭生态环境保护条例》，保护秦岭自然资源、文化资源，西安市秦岭生态环境保护管理委员会办公室组织编制了《大秦岭西安段生态环境保护规划（2011－2030）》。规划区被划分为三类用地：适宜建设用地、限制建设用地及禁止建设用地。规划的生态敏感区主要包括区域内自然保护区、河流水系、水源涵养地、风景名胜区、珍稀动植物栖息地、珍贵地质遗迹和海拔1500米以上生态脆弱地区。

十七　西安渭北工业区

渭北工业区位于西安市渭河以北区域，于2012年8月16日启动建设，规划范围达851平方千米，其中工业建设用地298平方千米，

[①] 《大秦岭西安段生态环境保护规划》，西安市秦岭生态环境保护管理局官网，2012年6月8日，http://xaqlbhj.xa.gov.cn/xxgk/ghjh/zcqfzgh/5d70fc31de69b6722dbddada.html。

分设高陵装备工业组团、阎良航空工业组团、临潼现代工业组团。渭北工业区以打造西安现代工业聚集区、转型升级示范区、绿色生态新城、新的经济增长极为定位,重点发展汽车、航空、能源装备、新材料、通用专用设备制造等工业产业。①

(一)高陵装备工业组团

高陵装备工业组团位于西安市渭河以北、西铜高速路以东、西咸北环线以南、西禹高速路以西,规划面积为88平方千米,距西安咸阳国际机场仅17千米,距西安行政中心仅7千米,是各组团中距离西安行政中心最近的组团。该组团重点发展汽车制造、新材料、装备制造、节能环保等产业,着力打造关中—天水经济区先进制造业核心承载区和国内一流、具有国际影响力的国家级装备制造业基地。2015年,高陵装备工业组团泾渭新城实现工业总产值1260亿元,其中规上工业总产值701亿元,占渭北工业区的80%、占全市的15.8%;完成固定资产投资149.6亿元,外贸进出口总额达5亿美元。组团先后获批国家新型工业化(汽车)产业示范基地和国家新型工业化(军民结合)产业示范基地,成为国内唯一同时拥有汽车、军民结合两个国家级产业示范基地的工业园区。截至2016年6月,高陵装备工业组团已累计吸引入区项目超过170个,总投资超过780亿元,其中已投产的工业企业项目达104个,一大半是规模以上工业企业,从业人员达5.4万人,总体形成了以商用汽车、通用专用装备制造、新材料、新能源装备等为主导的产业格局;众多企业中,已有一家企业的产值超过百亿元,13家超过十亿元,25家超过一亿元。②

2017年2月16日,陕西物流集团智慧信息公路港项目落户高陵工业装备组团核心辐射区,以高陵中小企业聚集园为核心先导区,辐

---

① 《西安渭北工业区》,百度百科,http://baike.baidu.com/link?url=UW67ZM1g0DQHYwNDsi5HOwIft2zkyPjGZBqlmJmyAdIm6JLnFu4J2QbqK7z7y_HolJJdm5IpiBt6ZZB9b_uYLq。
② 《渭北工业区高陵装备工业组团 建设特色突出的产城融合工业区》,搜狐网,2016年7月7日,https://www.sohu.com/a/101865344_160913。

射周边约 3 平方千米，项目将以"智慧"＋"物流"为立足点和基本的运作思路，依托公路运输，打造集物流信息科技、物流装备、供应链物流服务、仓储运输大数据服务于一体的智慧物流运营平台，建设内容包括智慧物流科技运营中心、交易中心、仓储配送中心、零担快运中心、车源中心以及配套服务中心等功能模块，最终实现生产领域、流通领域、消费领域及物流信息运营、物流资本运作的全面融合，形成西北最大智慧物流云仓特色小镇。①

(二) 阎良航空工业组团

阎良航空工业组团位于西安市东北部，北至西安大环线，南至西咸北环线，西至西禹高速，规划面积为 109 平方千米。组团重点发展大中型飞机制造与产品配套、通用航空、航空服务等产业，着力打造"国际一流、中国第一"的航空工业新城。阎良航空工业组团将以打造"世界一流、亚洲第一航空产业特区"为目标，将组团加快建成规模影响突出、国际竞争力强、军民融合发展的航空高技术产业集群，实现对西安工业经济的引领和带动。

第十九届西洽会暨丝博会上，西安渭北工业区阎良航空工业组团共签约项目 32 个，总投资 166.62 亿元，其中工业项目占比 75%，彰显了航空组团在环境建设、融合发展、项目带动、集群招商等方面的良好成效，为助力渭北工业区做大做强，推动西安工业突破转型增添了新动力、注入了新能量、做出了新贡献。②

(三) 临潼现代工业组团

临潼现代工业组团位于西安市临潼区渭河以北，东临新阎公路，南依渭水，西靠西禹高速公路，规划面积为 101 平方千米。组团重点发展现代装备制造、机电设备制造、新能源、新型科技建材等产业，

---

① 《陕西省物流集团智慧信息公路港项目落户高陵》，搜狐网，2017 年 2 月 20 日，https://www.sohu.com/a/126761950_351155。
② 《西安航空基地借力通航大会推介会 揽金 166.62 亿元》，华商网，2015 年 5 月 24 日，http://news.hsw.cn/system/2015/0524/254112.shtml。

着力打造国家级现代工业基地。临潼现代工业组团将着眼于产业高端化、环境森林化、城市智慧化，做精规划、做大产业、做优环境，努力实现产业和城市融合发展，打造"产城融合"的国家级森林智慧工业示范区。2012年至2016年6月，临潼组团累计完成固定资产投资186.56亿元，基础设施建设投资额累计70.64亿元，入驻项目固定资产投资额累计115.92亿元，引进内资47.6亿元，规模以上工业总产值实现了"零突破"。[①]

第三节 西咸新区各新城及其产业发展现状

西咸新区是经国务院批准设立的首个以创新城市发展方式为主题的国家级新区。西咸新区位于陕西省西安市和咸阳市建成区之间，区域范围涉及西安、咸阳两市所辖7个县（区）23个乡镇和街道办事处，规划控制面积达882平方千米。

新区沿承西安国际化大都市的空间结构，形成"一河两带四轴五组团"的空间结构。"一河"：渭河。"两带"：五陵原遗址、周秦汉都城遗址。"四轴"：沿正阳大道拓展城市功能，对接西安钟楼南北线，构建大都市南北主轴带；以沣泾大道为轴带，对接大都市开发区经济发展带；以红光大道为轴带对接大都市东西主轴带，完善大都市发展格局；以秦汉大道为轴带，连接秦咸阳宫与汉长安城遗址，构建大都市秦汉文化主轴带。"五组团"：空港新城、沣东新城、秦汉新城、沣西新城和泾河新城。

西咸新区的规划定位：西安国际化大都市的主城功能新区和生态田园新城；引领内陆型经济开发开放战略高地建设的国家级新区；彰显历史文明、推动国际文化交流的历史文化基地；统筹科技资源的新兴产业集聚区以及城乡统筹发展的一体化建设示范区。

---

① 《渭北工业区临潼现代工业组团｜为西安建设生态低碳"一小时工业区"》，搜狐网，2016年7月11日，https:∥www.sohu.com/a/104518269_348942。

一　空港新城

空港新城是西咸新区的五大组团之一,规划总面积为144.18平方千米,建设用地为36平方千米,分为机场核心区、国际航空物流枢纽、临空产业区、国际文化区、优美小镇和临空农业区五大板块,于2014年5月14日被中国民航局批复为西安国家航空城实验区,成为我国首个以发展航空城为定位的国家级临空经济区。①

在"产城一体、集中突破、体现概念"的开发理念下,空港新城确立了以"丝绸之路经济带"对外开放的国际门户、现代航空高端制造科研聚集区、临空现代服务业引领区以及国际内陆型空港城市示范区为目标的发展定位。目前,空港新城重点发展产业有民航科技产业、航空物流、综合保税、电子信息产业、生物医药产业、文化交流与高端服务业以及临空农业等。

目前,空港新城已开通9条国内及国际货运航线,初步形成"北上南下、东进西出"的全货机航线网络布局。空港新城还积极推出航空物流、航空制造维修、航空企业总部、电子商务、商贸文化、总部经济、高端人才引进等"41"产业和人才扶持政策,打造西部地区政策高地;以自贸区筹建为契机,建立限时办结、首问负责、一次性告知、超时默认和服务承诺等制度;新设立的市民服务中心,20个服务窗口"一站式"对外服务,全年累计办理事项和咨询6500余件;更新制定《招商项目投资服务流程》,将企业从签约到开工的周期由225天压缩至122天;管委会领导以半月为周期回访企业,现场解决问题,兑现招商承诺。此外,挂牌设立我省首只航空产业投资基金,总规模达30亿元;2016年共签约11家企业,引进1家世界500强企业,核心产业集群初步形成。

在航空电商物流园建设方面,形成保税物流中心、自贸大都

---

① 《陆上丝绸之路起点"牵手"海上丝绸之路起点》,民航资源网,2017年7月26日,http://news.carnoc.com/list/412/412867.html。

第二章　板块驱动型城市概况与大西安城市板块产业发展现状

汇、航空货代产业基地三大产业聚集地，目前，聚集了普洛斯、中外运、华瀚航空物流中心等 18 个项目。在国际飞机维修和培训产业方面，已经聚集起以东航技术为代表的龙头维修企业，东航机库等 4 个项目建成投用，还有 6 个在建、10 个在谈。在珠海航展签约中法合资的东航－赛峰起落架大修项目，这是我国首个由起落架原厂制造商投资的维修项目，一期投资将达 7000 万美元。招引飞机维修业界排名第五的北京科荣达、上海沪港等 8 个项目入园孵化。依托国家级新区和自贸区"双国家级"平台，发展航空总部经济。目前深航、川航、西北空管局等 9 个项目入区，其中 4 个项目投资额在 15 亿元以上。①

二　沣东新城

作为西咸新区五大组团核心区域的沣东新城，规划面积达 159.3 平方千米，托管 5 个街道、128 个村（社区），总人口约 51 万人。辖区拥有市场主体 56800 余户，是西咸新区经济活动最为活跃的区域。②

在明确产业方向的基础上，沣东新城确立了"两带、七板块"的城市空间布局。两带分别为"周秦汉历史文化展示带"和"沣河滨水生态景观带"，将人文与自然完美结合，真正实现人文沣东、生态沣东的城市理想。

七大功能板块集中体现了沣东新城创建现代田园城市的雄心伟略。

科技统筹示范板块：规划面积达 10 平方千米，是国内面积最大的科技统筹聚集区，将通过创建科技资源公共服务、交易、孵化、展览展示等平台，创新"产学研"融合发展模式，力争成为带动关天、辐射西部、面向全球的科技创新资源聚集基地、科技成果中试与转化

---

① 《西咸新区空港新城构建临空经济产业链效果显现》，中国民航网，2017 年 1 月 16 日，http://www.caacnews.com.cn/1/5/201701/t20170116_1208448_wap.html。
② 《行政区划》，沣东新城官网，2021 年 3 月 24 日，http://fdxc.xixianxinqu.gov.cn/fdgk/mlfd/hzqh/1.html。

45

基地。

镐京优美小镇板块：规划总面积达 25 平方千米，将在不到 3 平方千米的区域，集约进行高密度的双子城开发建设和低密度的优美小镇建设，形成疏密有致，大开大合的空间格局。

沣河田园城市板块：以西部能源中心和体育会展中心为支撑，以田园社区为衬托，创建高端能源研发、营销、交易及总部管理中心；建设集体育竞赛、会议展览、文化娱乐、休闲健身于一体的国际一流体育会展中心，打造生态田园城市的中心板块。

斗门水利板块：斗门水库是陕西省"引汉济渭"输配水工程的重要组成部分，是一座以调蓄"引汉济渭"工程来水，兼顾城市生活供水、沣河防洪及改善生态环境的综合性水库。该项目的实施将在西安和西咸新区的城市安全饮水、调蓄防洪、改善气候、提升生态环境质量等方面发挥重大积极作用，将成为造福西安国际化大都市的重点公益工程、民生工程。

三桥综合商贸板块：规划总面积为 8 平方千米，将以高端商业、国际车城、现代服务业为重点，重现三桥历史上"长安西大门"和"西北第一大镇"的商埠繁华胜景，打造时尚、现代的西部第一商业街区。

建章路现代产业板块：规划面积为 6.5 平方千米，重点发展高端装备制造、节能环保等产业，推动产业聚集和资源集约利用，建成西咸新区重要的创新型产业基地和先进制造业核心区。

阿房宫人文旅游板块：规划总面积为 9 平方千米，将以阿房宫遗址保护为核心，重点建设 3 平方千米的国家级考古遗址公园和西安城市中央森林公园，用高科技手段展示唐代大文学家杜牧在《阿房宫赋》中描绘的"天下第一宫"奇观，建成又一个国家级旅游目的地。

2016 年，沣东新城实现了"十三五"稳健开局、良好起步。全区固定资产投资完成 388 亿元，同比增长 20.9%；实现区级财政总收入 24.94 亿元，地方财政一般预算收入首次突破 10 亿元大关，同比增长36%，增幅居陕西省首位；新引进世界500强企业两家；农村常住居民人均可支配收入达到18289元，高于全市平均水平3000余元。①

2017年，沣东新城积极融入大西安建设，在多项工作中取得显著进展：托管西安市长安区、咸阳市沣东街道相关行政村；陕西自贸试验区西咸新区沣东片区挂牌运行；沣东华侨城大型文化旅游综合项目签约；大西安新中心地标建筑——绿地501米超高层"中国国际丝路中心"动工开建；沣东自贸产业园开园；斗门水库试验段暨昆明池·七夕公园开园；"沣河·诗经里小镇"对外开放；等等。②

三 秦汉新城

秦汉新城位于西咸新区的几何中心，是西咸新区五大功能组团的核心区域。总规划面积达302平方千米，其中建设用地为50平方千米，遗址保护区为104平方千米。随着招商引资的深入推进，第四军医大学医教研综合园区、西安交通大学第二附属医院、西咸立体城医养健康产业园等一批医疗健康产业项目先后落户新城，这些项目不但为新城建设"健康之城"注入了国际先进理念，更为大力发展医养健康产业提供了坚实的产业基础。③

2016丝博会暨西洽会上，西咸新区举行招商推介暨重点项目集中签约会，秦汉新城凭借其历史文化资源富集、自然生态环境优越和大开大合的产业布局理念赢得了众多海内外客商的关注，以揽金近150亿元的丰硕成果圆满收官。5月14日，在西咸新区招商推介暨重点项目集中签约会上，秦汉新城斩获安华信（秦汉）创新产业城、

---

① 《西咸新区沣东新城去年完成固定资产投资388亿元》，央广网，2017年2月24日，http://www.cnr.cn/sxpd/sx/20170224/t20170224_523620229.shtml。
② 《2017沣东崛起大事件》，搜狐网，2017年12月22日，https://www.sohu.com/a/212118615_100089210。
③ 《秦汉新城简介》，华商网，2016年4月15日，http://news.hsw.cn/system/2016/0415/372654.shtml?rand=iC4M2djU。

海尔斯健康城、大医科技城（数码港）和国家组织工程种子细胞库西北基地再生医学项目，四大健康项目共揽金84亿元，大健康产业进一步壮大。"健康之城"建设进入全新阶段，是继5500亩[1]秦文化园、70亿元东方乐园、3.79平方千米西咸立体城市、1000亩西咸国际购物城、8万平方米陕西百翼城市综合体、清华大学附属中学秦汉分校、第四军医大学医教研综合园区、西安交通大学第二附属医院、西咸立体城医养健康产业园之后，西咸新区/秦汉新城的又一批超大型产业项目。[2]

四 沣西新城

沣西新城位于西安和咸阳两市之间，东至沣河，南至大王镇及马王街办南端，西至规划中的西咸环线，北至渭河南岸，规划范围包括鄠邑区的大王镇，长安区的马王街道、高桥街道，秦都区的钓台街道、陈杨寨街道等5个镇（乡）办91个村。总规划面积达143平方千米，规划建设用地为64平方千米。沣西新城总体定位是未来西安国际化大都市综合服务副中心和战略性新兴产业基地。

在产业定位上，以行政商务和战略性新兴产业为主，重点发展新材料、物联网、信息技术、生物医药、都市农业、高尚居住等产业。在城镇建设上，着力打造承接关天、充满活力的现代开放之城；带动辐射功能强的创新产业之城。根据《西咸新区总体规划（2010—2020年）》，到2020年，沣西新城规划区人口约53万人，用地规模为63平方千米，人均用地指标为115平方米。

按照西安国际化大都市综合服务副中心和战略性新兴产业基地发展定位，沣西新城精心规划了"三区十园"产业布局。

"三区"包括信息产业园区、滨河现代服务区、田园实践区。

---

[1] 1亩≈666.67平方米。
[2] 《西咸新区秦汉新城丝博会暨西洽会揽金近150亿元》，华商网，2016年5月15日，http://news.hsw.cn/system/2016/0515/380757.shtml。

"十园"包括西咸信息产业园、现代综合商务区、都市农业区、优美小镇改革试验园、丝绸之路国际展览中心、西咸新区国际文教园、中小企业园、科教示范园、活力生活服务园、丰京遗址园。[①]

2017年2月18日,由西北工业大学联合西咸新区沣西新城、西安科为航天科技集团共同建设的西北工业大学"翱翔小镇"暨无人机产业化基地建设项目在沣西新城启动。这是双方共同促进军民融合发展、挖掘产业优势、做强创新优势、推进大西安建设的重大举措之一。[②]

五 泾河新城

泾河新城作为西咸新区五大组团之一,位于咸阳市泾阳县区域内,下辖4个街镇(分别是泾干街道、永乐镇、崇文镇和高庄镇),规划面积达133平方千米,是中华人民共和国大地原点所在地。泾河新城按照"大西安北跨战略核心聚集区"的发展定位,坚持"做最优生态环境、引最多优秀人才、聚最强高端产业"的发展路径,重点发展先进制造业和文化旅游业。[③]

泾河新城定位为大西安北部中心,以新能源、新材料和高端装备制造业为主导,重点发展地理信息、现代服务业、现代农业、文化旅游等优势产业,三次产业联动,集约、集成、集群发展,最终实现产业为城市发展服务。截至2016年底,泾河新城年接待游客人数突破3500万人次,旅游综合收入达30亿元;拥有国家4A级旅游景区1个、3A级旅游景区2个、省级乡村旅游示范村1个、省级文化产业示范基地1个、共建文化旅游产业研究基地4个,拍摄大型文化专题片2部,出品微电影2部,出版文化书籍2套。同时,文化事业发展

[①] 《沣西新城产业规划:三区十园》,华商网,2015年5月19日,http://news.hsw.cn/system/2015/0519/251944.shtml。

[②] 《西北工业大学"翱翔小镇"在沣西新城启动建设》,腾讯大秦网,2017年2月28日,https://xian.qq.com/a/20170228/036760.htm。

[③] 《泾河新城简介》,西咸新区泾河新城官网,2021年9月14日,http://jhxc.xixianxinqu.gov.cn/zjjh/jhgk/jhjj/1.html。

势头不减,陕商、秦腔、国学、非遗、太极等文化场馆建成开放,茯茶博物馆即将开放。

根据区域规划,泾河新城布局新能源新材料制造产业园区、现代农业示范区、FC1现代田园城市示范区、崇文文化旅游景区、中央商务区和行政中心六大核心板块,着力打造现代服务业示范区、全国现代农业和城乡统筹示范区,将最终打造成为城乡公共服务设施均等化和全覆盖,城市建设与美丽乡村和谐共生的中国特色新型城镇化的范例。

第四节　咸阳高新区及其产业发展现状

咸阳高新技术产业开发区成立于1992年5月(陕政字〔1992〕19号),是国家级关中高新技术产业带上的重要高新区。2005年5月,被原信息产业部认定为西部唯一的国家显示器件产业园。2008年10月,被商务部认定为承接东部产业转移国家级示范园区。2012年8月19日,经国务院批准(国函〔2012〕120号),升级为国家高新区。[1]

咸阳高新区地处陕西省核心地带,与省会西安零距离对接,是大西安的重要组成部分,京昆、沪乌高铁,陇海、西包、西康铁路,京昆、连霍、包茂、福银、沪陕等高速公路交汇于此,毗邻西北地区最大的航空港、出口产品内陆港和亚洲最大的铁路枢纽中转站,交通十分便捷,区位优势十分明显。

咸阳高新区位于咸阳市区西部,东起咸通路,西至兴平市丰仪镇西界,南临渭河,北至高干渠,规划面积达164平方千米。包括秦都区渭滨街道办事处全部区域、兴平市西吴街道办事处全部区域、阜寨镇全部区域、东城街道办事处迎宾大道以东区域、庄头镇西宝高速公路以南区域、丰仪镇西宝高速公路以南区域等。

---

[1] 《咸阳高新区基本概况》,咸阳高新区官网,2021年6月4日,http://gxq.xianyang.gov.cn/2021blm/zjgx/gxgk/790393.htm。

咸阳高新区由"一城""五园"空间布局构成,"一城"即智慧城,"五园"即电子信息产业园、生物医药及医疗器械产业园、新型合成材料产业园、新兴纺织工业园、高科技文化产业园,重点发展电子信息、生物医药、新型合成材料三大核心支柱产业,带动纺织服装、高科技文化等产业。

2015年12月25日,投资280亿元的CEC咸阳8.6代液晶面板生产线项目在咸阳高新区破土开工。2016年,中韩产业园A区启动了园区一期项目建设,总投资2.2亿元,主要建设一栋综合性写字楼(含办公、研发和企业孵化)和10栋三层标准化厂房。[①] 2017丝博会暨第21届西洽会上,咸阳高新区成功签约6个项目,揽金63.8亿元。[②]

目前,咸阳高新区以建设中西部一流、国内领先的创新型特色园区为目标,围绕三大核心支柱产业,坚持自主创新、科技引领、产业聚集,以发展高新技术产业为主导,以培育优势和新兴产业为重点,以招商引资和招才引智为抓手,大力推进科技创新和成果转化,全面提升自主创新能力、规模经济能力、产业竞争能力和辐射带动能力,着力打造承接产业转移的示范区、科技创新的样板区、高新产业的聚集区,努力把高新区建成"创新之都、科技新城"。

第五节 大西安城市板块及其产业发展概览

一 大西安城市板块分类

截至2017年1月,大西安范围内共有24个拥有市级及以上经济管理权限的开发区、新区和组团区域(见表2-5,不考虑咸阳高新区),可分为以下4类。

---

① 《咸阳高新区 打造中韩产业国际合作示范园区》,咸阳高新区官网,2016年5月10日,http://gxq.xianyang.gov.cn/qsyz/zjxm/362230.htm。
② 《年终盘点:原来,咸阳高新区搞了这么多事情》,一点资讯,2017年12月20日,http://mb.yidianzixun.com/article/0HxGH3fC。

表 2-5　西安市城市板块简况

板块名称	建立时间	板块层级	管理机构与权限	主管级别	规划面积与主导产业
西安高新区	1991年3月	国家级	管委会/市派出，市级	正厅/副厅	规划面积307km²；半导体、智能终端、高端装备制造、生物医药等
西安经开区	1993年9月	国家级	管委会/市派出，市级	正厅/副厅	规划面积113.74km²；汽车、高端装备制造、军民融合、现代金融等
西安曲江新区	2002年8月	国家级	管委会/市派出，市级	正厅/副厅	核心区面积51.5km²；文化、旅游、影视等
西安国际港务区	2004年6月	国家级	管委会/市派出，市级	正厅/副厅	规划控制区面积120km²；临港产业、电商、新金融、商贸物流等
西安航空基地	2004年8月	国家级	管委会/市派出，市级	正厅/副厅	规划面积72km²；整机制造、强度试验、试飞鉴定等
西安浐灞生态区	2004年9月	国家级	管委会/市派出，市级	副厅	规划面积129km²；金融商贸、旅游休闲、会议会展、文化教育等
西安航天基地	2006年11月	国家级	管委会/市派出，市级	正厅/副厅	规划面积86.65km²；航天、卫星及卫星应用、新能源、新一代信息技术等
西安灞河新区	2007年10月	区级	管委会/区级，市级	副厅	规划面积58.59km²；服装、商业商贸、军民融合等
西安大兴新区	2008年9月	区级	管委会/市派出，市级	副厅	规划面积17km²；商贸服务、文化旅游、五金机电贸易等
西安市小寨地区	2009年2月	区级	管委会/市派出，市级	副厅	规划面积9.1km²；商贸、文创、演艺、会展等
西安常宁新区	2009年2月	区级	管委会/市派出，市级	副厅	规划面积50.5km²；教育科研、现代服务等
临潼度假区	2010年4月	区级	管委会/曲江管，市级	副厅	规划面积27.33km²；文化旅游、休闲度假、康体养生、商贸会展等
西咸新区（含五个新城）	2011年5月	国家级	管委会（省派、西安代管）/新城管委会，省级	正厅/副厅	规划面积882km²（其中规划建设用地272km²）；先进制造、电子信息、科技研发、航空服务、文化旅游、总部经济等
秦岭生态保护区	2011年6月	市级	秦岭办/市派出，市级	副厅	规划面积5852.67km²；环保、生态旅游、观光农业、研发创意等
汉长安城遗址区	2012年8月	区级	管委会/区管，市级	副厅	规划面积为75.02km²；遗址感知、文化体验、都市休闲等

第二章 板块驱动型城市概况与大西安城市板块产业发展现状

续表

板块名称	建立时间	板块层级	管理机构与权限	主管级别	地域面积与主导产业
渭北工业区（含三个组团）	2012年8月	市级	领导小组/组团管委会，市级	副省/副厅	规划面积851km²（其中工业建设用地298km²）；汽车、航空、轨道交通、能源装备、新材料、通用专用设备制造等
西安土门地区	2012年12月	区级	管委会/区合署，市级	副厅	规划面积14.97km²；国际商贸、商业商务、文化旅游、科技研发等
西安幸福路地区	2013年6月	区级	管委会/区合署，市级	副厅	规划面积17.63km²；总部经济、沣西、商贸服务、军品研发、观光休闲等

注：各城市板块相关内容来自网站公开资料和笔者调研、访谈资料的汇总整理；西咸新区包含沣东、沣西、泾河、秦汉五个新城，渭北工业区包含高陵、阎良、临潼三个组团；截至2018年4月，西安高新区、西安经开区、西安曲江新区、西安国际港务区、西安航空基地、西安航天基地管委会党工委书记均由西安市的副市级（正厅级）领导兼任，但管委会主任仍为副厅级。

（一）西安市的市级产业板块（10个）

包括西安高新区、西安经开区、曲江新区、国际港务区、航空基地、浐灞生态区、航天基地、渭北工业区（含高陵组团、阎良组团、临潼组团）。各板块的管理机构（管委会，副厅级）都是市政府派出机构，行使市一级经济管理权限。其中较为特殊的是渭北工业区，它的管理机构是由市长任组长的领导小组，而在下设的三个组团中，高陵组团的建设管理主体为西安经开区、阎良组团的建设管理主体为阎良区、临潼组团的建设管理主体为临潼区。

（二）西安市的区级产业板块（7个）

包括灞河新区（位于灞桥区）、大兴新区（位于莲湖区、未央区，主体部分在莲湖区）、小寨地区（位于雁塔区）、常宁新区（位于长安区）、临潼度假区（位于临潼区）、土门地区（位于莲湖区）、幸福路地区（位于新城区）。这些板块在管理体制上实行市区共建、以区为主，相应的管理机构（管委会）一般由所在行政区的主要领导（副厅级）担任负责人，并由市政府授予多项经济管理事权。其中较为特殊的是临潼度假区，该板块由曲江新区、临潼区在临潼区域内合作共建，管理主体是曲江新区管委会。整体而言，这些区级板块可以看作对市级板块带动模式的一种复制。

（三）西安市的市级功能板块（2个）

包括秦岭生态保护区和汉长安城遗址区。它们都是由西安市政府主导成立的功能性板块，前者侧重秦岭西安段的生态环境保护利用，管理机构（"秦岭办"，副厅级）由市政府派出；后者侧重汉长安城遗址保护利用，管理机构（管委会）由未央区主要领导（副厅级）担任负责人。

（四）西咸新区的产业板块（5个）

包括沣东新城、沣西新城、空港新城、秦汉新城、泾河新城。各新城均设副厅级管委会。

二 大西安产业耦合发展与城市板块融合发展的关系

从上述板块分类和表2-1中的有关信息可以发现，大西安的24个城市板块不仅在成立时间、地域面积、地理区位、产业定位、经济基础、服务能力等方面差异明显，同时还在行政层级、管理权限及负责人政治身份等方面存在一定差别，因此自然形成对产业项目的不同吸引力。如果不对这些城市板块加以策略性地融合，就不能促进产业项目在各板块间的相对合理布局，从而将导致西安市产业布局碎片化的进一步加重。正是在这个意义上，大西安产业耦合发展与大西安城市板块融合发展紧密关联、不可分割。

第三章
大西安城市板块产业耦合发展问题透视

第一节 实践背景

自1980年中共中央决定在深圳等地设置经济特区以来，围绕全国的经济建设与区域开发，我国政府相继推出了国家级经济技术开发区、国家级高新技术产业开发区、国家海关特殊监管区、国家级新区、国家级承接产业转移示范区、国家级产业转型升级示范区、国家综合配套改革试验区、国家自主创新示范区、国家自由贸易试验区、国家全面创新改革试验区、国家新旧动能转换综合试验区等一系列政策性开发开放区域，以推动不同资源禀赋地区的经济产业发展和不同发展阶段地域的综合制度创新。在地方层面，伴随改革开放后我国工业化、城镇化的整体进程，各地的产业园、开发区以及新城、新区建设普遍推进。特别是进入21世纪之后，地方的新城、新区建设有加速之势。这样一来，对很多城市而言，在其空间地域范围内会叠加三个层次的经济功能单元，即国家级开发开放区域、地方层级的园区和新城新区以及城市自身的城区和县域，形成结构较为复杂的城市经济单元嵌套网络。

实践层面，我国东部沿海地区开放开发较早，在各级、各类经济功能区的设置和发展上较中西部地区领先，其调整优化也因此走在前面。如浙江省从2008年至2014年，分两轮五批将省内300多个园区整合提升为99个（平均每个地级及以上城市9个），实现了全省开发区的管理体制创新和产业布局优化。又如江苏省2018年出台全国首个统筹各类开发区的地方法规《江苏省开发区条例》，对开发区的整合优化、转型升级做出具体规定，明确建立开发区的统一协调机制，对开发区实行优胜劣汰。而西部龙头城市成都也在2017年7月召开的"国家中心城市产业发展大会"上提出，将在天府新区、成都高新区、成都经开区及其他3个产业新城的经济功能分区中，统筹布局建设66个主导产业明确、专业分工合理、差异发展鲜明的产业功能区。可见，对城市中各级各类经济功能区的整合提升和统筹优化已成重要趋势。

西安市从2016年开始逐步加大整合城市板块的工作力度，如建立"招商引资工作暨重大招商引资项目联席会议制度"，安排西安高新区、西安经开区主要领导兼任其他板块主要领导，提出"建立市级统筹协调机制和项目流转补偿机制"，等等，但整体而言仍缺少实质性进展。对西安市来说，对其现有的20多个城市板块进行统筹和整合已成当务之急。

第二节　理论视角

一　企业聚集的视角

大西安的城市板块，特别是市、区层面的产业板块，总体上都按照开发区的模式运行。依据洪燕（2006）对开发区生命周期理论研究的如下梳理，可以认为开发区起源于企业的聚集。

马歇尔在《经济学原理》一书中，从"外部经济"角度对企业聚集问题进行了探讨。"他认为专门人才、专门机械、原材料提供、运输便利以及技术扩散等造成了外部经济，外部经济促成了企业的地理集中和相互依赖。""他把这种聚集定义为产业区，产业区内集中着大量中小企业。产业区内的生产活动不是自给自足，而是随劳动分工不断深化，生产能力迅速提高，促使区域与外部经济空间建立起持久联系。"

韦伯在《工业区位论》一书中提出了聚集经济的概念。他把区位因素分为区域因素和集聚因素。"他认为，集聚可分为两个阶段：第一阶段仅通过企业自身的扩大而产生集聚优势，这是初级阶段；第二阶段是各个企业通过相互联系的组织而实现地方工业化，这是最重要的高级集聚阶段，用现代的概念来说，就是形成了有整体规划的各类园区经济或产业集群。"

克鲁格曼认为企业聚集是规模报酬递增带来的外部经济的产物。"他将外部经济归纳为三种类型，包括市场规模扩大带来的中间投入品的规模效应、劳动力市场规模效应和信息交换与技术扩散规模效应。他认为前两者在企业聚集形成过程中起到了关键性的作用。"

"卡尔多在论及区域经济增长和区域产业结构时，强调要素不可分的观点和技术的作用。他认为要素的不可分性和技术特征在规模报酬递增中发挥了重要作用，地区要素禀赋的特点是集聚经济的基础。卡尔多认为经济发展的过程中存在路径依赖，但与克鲁格曼不同，他认为要素禀赋和技术特征会导致内生性的产业集群并决定其发展过程。"

"库普曼斯指出要素的不可分性在区域产业发展模式中的作用，认为如果看不到居民、厂商、设备的不可分性，产业空间集中的问题就不能得到解释。库普曼斯的这一观点得到了后人的进一步阐发，除了物质要素的不可分性之外，某些知识和技术的传播也非常有地域性，而且受地区文化的影响很大。"例如隐性知识只能通过面对面的交流才能传播，一些关于组织、制度的知识大都属于这一类。"多数生产性技术和技能的扩散是有一定范围性的，超过一定距离，扩散能力急剧下降。所以，这些因素受地理因素的制约程度很大，如果某些产业发展中这些因素的作用比较大，那么这类产业的聚集过程就很受地理因素的影响。"

综上，源于企业聚集的开发区经济、园区经济有其自身发展演化规律，它以特定区域上的企业单体成长与相互关联协作为基础，以规模报酬递增为基本特征，是地区要素禀赋特点、生产技术扩散、专业知识溢出以及组织制度学习等充分融合的产物，有鲜明的区域标识。也就是说，开发区的形成、成长与成熟，不只是"一大片土地、一大堆企业"那么简单，更主要的是需要企业生产要素、技术、知识、制度等的耦合支撑。开发区经济的本质是企业聚集、产业集群，其中市场的力量是基础性的、决定性的。无视这种规律性，人为地"圈地造园"、运动式地"招商引资"，很可能成为一厢情愿，导致虽有企业集合但无产业集群，造成低效的园区经济，徒增土地等生产要素的大量浪费。

二 区域行政的视角

（一）现有格局

1. 一域四主体

大西安区域的经济开发和城市建设，涉及西安市政府、咸阳市政府、西咸新区管委会以及陕西省政府四个管理主体。

2. 多重互动关系

（1）西安市和陕西省：首位城市的"尴尬"。

（2）咸阳市和陕西省："不撤市"的默契。

（3）西咸新区和陕西省："上阵父子兵"（代管前）。

（4）西安市和西咸新区："角力"沣东新城（代管前）。

（5）咸阳市和西咸新区：利益纠缠不清（代管前）。

（6）西安市和咸阳市："相敬如宾"。

（7）西安市、咸阳市和西咸新区："同床异梦"（代管前）。

（8）西安市内部：区县与板块的复合发展与竞争。

（9）西咸新区内部：板块"各自为战"。

(二) 核心问题

在假定板块带动更有利于大西安经济发展的前提下，域内四个主要管理主体以及相关板块管理主体，如何在目前已有互动关系基础上（如陕西省推进大西安建设领导小组与大西安建设联席会议制度①、西安市招商引资工作暨重大招商引资项目联席会议制度②等），逐步建立起一个目标、任务有所侧重的大西安区域公共行政（公共经济管理）的制度和组织架构，从而既加强域内的行政协调协作，也促进面向区域整体发展的经济管理合作。

(三) 问题实质

本书研究的大西安城市板块产业耦合发展问题，实质是大西安经济发展的治理问题，属于一类区域公共管理问题。该问题具有以下典型特征及要素（见图3-1）：

路径依赖——大西安区域经济发展，依靠各城市板块的带动；

现实角力——城市板块之间的竞争，影响着产业项目的落地；

利益纠结——产业项目建设，促进所在城市板块的经济增长；

潜在影响——板块经济格局，牵动大西安区域整体产业布局；

研究焦点——大西安城市板块与省市产业项目间的互动关系。

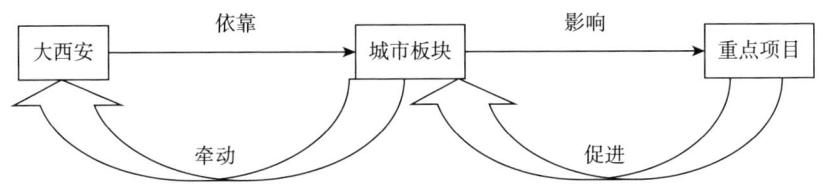

图3-1 大西安经济发展"区域—板块—项目"三层次分析示意

---

① 《陕西5年投资120亿建设大西安》，新浪网，2012年10月31日，https：//news.sina.com.cn/o/2012-10-31/055925476092.shtml。

② 《西安市人民政府关于建立市招商引资工作暨重大招商引资项目联席会议制度的通知》，西安市人民政府官网，2016年4月29日，http：//www.xa.gov.cn/gk/zcfg/szh/5d4909fcf99d6572b76508b9.html。

第三节 解析框架

本部分侧重给出了以大西安为典型代表的板块驱动型城市产业耦合发展的解析框架（见图3-2），即"板块驱动型城市双向、三层次产业耦合发展模型"。其中，沿"由上至下"方向，主要建立了大西安区域产业耦合的三个层次，依次为产业空间耦合、产业资源耦合和区域产业融合；沿"由下至上"方向，主要结合三星项目这一具体实例，建立了其从相应城市板块到对应城市经济功能区再到城市区域的产业耦合发展实现路径。

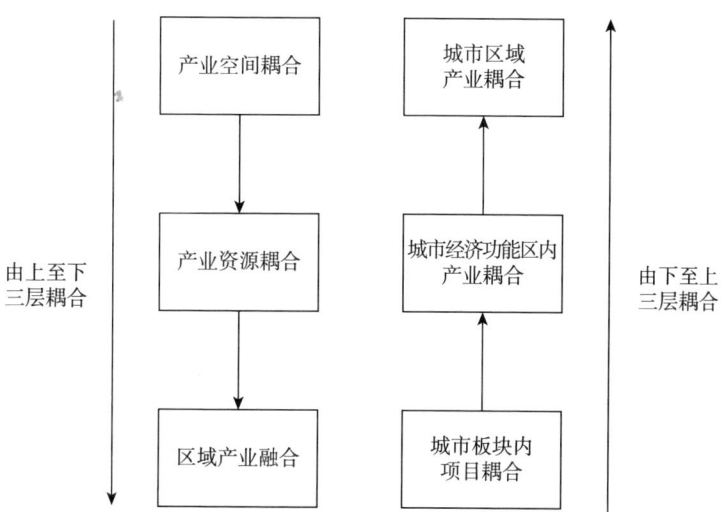

图3-2 板块驱动型城市双向、三层次产业耦合发展模型

第四章
产业空间耦合：大西安"5+1"城市经济功能区格局构建

结合西安市一直以来大力发展的5项主导产业，即高新技术产业、先进制造业（装备制造业）、文化产业、旅游业和现代服务业，以及前述24个城市板块的核心产业定位，本书提出大西安可以构建以高新技术、先进制造、物流金融、文化旅游、现代服务为主题的5个城市经济功能区，由于陕西自贸试验区的主体片区在西安市范围内，因此还可以叠加一个自贸经济功能区，这就是大西安"5+1"城市经济功能区格局。

简言之，所谓"大西安城市经济功能区"，就是指那些具有相同、相近或相似产业发展定位的城市板块所组成的次区域性城市板块集群。限于篇幅，本部分重点探讨大西安5个主体城市经济功能区的构建。

第一节 大西安城市经济功能区的划分依据

一 空间区位

功能区的聚集与整合，要求其在聚集方式上呈现显著的空间专业化特征。也就是说，对于功能区的划分应考虑以空间布局最优为参照标准。空间上相邻或关联度较高的地区，更容易在功能区的划分上形成一个密不可分的整体，彼此在相互联系的基础上共同发展。这种看似只是地理区位上的制约，有时会影响整个经济区的构建与布局。相反，如果几个在产业布局、发展战略、主导产业等多方面都相似度极高的区域，在空间布局上彼此相疏相隔，无法形成一个彼此相互联系的区位整体，那么即使它们适合组成同一经济功能区也是难以实现的。这种空间布局的划分依据是客观且稳定的，很难进行后期的调整与重新布局。因此，空间布局是进行功能区划分的基础影响因素，功能区的划分需要以此为基本依据进行整合与统一。

二 产业定位

功能区不但要求空间区位高度聚集，还要求各区域的经济活动、产业布局高度聚集。在各区域空间布局相互关联的同时，产业布局则在更大程度上被视为影响或判断功能区划分的重要依据。经济活动的聚集在现实中是专业化和多样化并存，专业化体现经济活动的空间分工，各专业化经济活动聚集区与相关的同水平聚集区产生横向分工，形成更大范围的多样化。这就要求各区域在产业结构与布局上应当紧密关联且具有共同发展空间。也就是说，产业结构与布局上具有共通性和相似性的产业导向，可以使得不同经济区域间更容易形成具有整体发展战略的新功能区。这也是进行功能区划分的最为重要的判断标准。如果区域产业定位间差异较大或不具有共同产业导向，它们在经济功能本质上是相分离的，将不能进行有效的区域整合与规划。因此，产业定位是划分功能区的又一重要标准。

第二节 大西安城市经济功能区的空间区位与产业定位关联度分析

按照当前大西安区域内重要城市板块在产业、地域及功能上的关联性，本书提出了大西安五大城市经济功能区格局，包括高新技术功能区、先进制造功能区、物流金融功能区、文化旅游功能区和现代服务功能区。大西安五大城市经济功能区和大西安重要城市板块之间的对应关系如下。

大西安高新技术功能区（含4个板块）：西安高新区＋西咸新区沣东新城＋西咸新区沣西新城＋咸阳高新区。

大西安先进制造功能区（含7个板块）：西安经开区＋西安航空基地＋西安航天基地＋西咸新区泾河新城＋西安渭北工业区（3个组团）。

大西安物流金融功能区（涉及3个板块）：西安国际港务区＋西咸新区空港新城＋西安金融商务区（位于西安浐灞生态区）。

大西安文化旅游功能区（含6个板块）：西安曲江新区＋西安浐灞生态区＋临潼度假区＋西咸新区秦汉新城＋秦岭生态保护区＋汉长安城遗址区。

大西安现代服务功能区（含6个板块）：西安灞河新区＋西安人兴新区＋西安土门地区＋西安幸福路地区＋西安小寨地区＋西安常宁新区。

一　大西安高新技术功能区

大西安高新技术功能区包括西安高新区、西咸新区沣东新城、西咸新区沣西新城以及咸阳高新区。

从空间区位角度分析，西安高新区位于西安市主城区西侧西南方向。整体而言，西安高新区与沣东新城相连，继续向西延伸、贯穿沣西新城后，则与咸阳市主城区联通。尽管咸阳高新区位于咸阳市主城区中西部，不在东部与沣西新城完全紧密相连，但由于咸阳主城区整体区位跨度不大，不影响整体区位的划分，咸阳高新区实质上仍与整体高新技术功能区的区位有紧密的关联。因此，对于大西安高新技术功能区的整体分析建立在空间区位相连相融的基础之上，四个部分的区域在地理位置上形成了一个密不可分的整体，共同组成了大西安高新技术功能区。

从产业结构角度分析，无论是主导产业发展还是就产业集群状况而言，对于高新技术功能区的划分必然存在要求。其中西安高新区以电子信息、先进制造、生物医药以及现代服务为主导产业；与其相似度极高的咸阳高新区重点发展电子信息、医药保健、先进装备制造等；沣西新城以信息技术、节能环保、生物医药、行政商务、文化旅游等为主导产业；沣东新城则强调高新技术、会展商务、文化旅游及都市农业等领域的发展。因此，总体而言，构成整体大西安高新技术功能区的四个区域板块主要承担了电子信息、科技研发、生物医药、商贸商务等产业的发展，其产业集群多集中于装备科技研发园、高端制造业产业园、商贸服务区以及创新型服务业园区等。

总之，集合大西安高新技术功能区中四个区域板块的区位因素及产业因素等特点，无论是就地理位置上的相连程度还是就区域产业发展中定位和主导产业的集合默契度而言，对大西安高新技术功能区的区域划分无疑是合理科学的。

二 大西安先进制造功能区

大西安先进制造功能区包括西安经开区、西安航空基地、西安航天基地、西咸新区泾河新城以及西安渭北工业区。

从空间区位角度分析，大西安先进制造功能区整体位于西安东北部。其中西安经开区集中于西安市主城区，位于整个西安主城区北部。经开区东北方向与渭北工业区相近，后者位于整体西安市的东北方。泾河新城位于渭北工业区的西北方，西安经开区的北部方向。西安航空基地位于东北部阎良区内，与西安经开区、西咸新区泾河新城、西安渭北工业区以点性、线性相连的方式紧密联合在一起。虽然从整体空间区位上来说，西安航天基地位于西安城区南部，看似与位于北部的其余6个区域板块分离，但就其产业功能及发展来说与整个先进制造功能区是密不可分的统一整体,因此所有7个板块可以相对合理地组成在地理位置上具有基本相关性的先进制造功能区。

从产业结构角度分析,西安经开区、渭北工业区以及泾河新城的产业发展与定位具有极强的相似性甚至统一性。西安经开区所发展的主导产业有商用汽车、电力电子、新材料等;西安渭北工业区注重发展汽车制造、航空制造、新材料、通用专用设备制造;泾河新区将其产业发展的目标定位为高端制造业、新能源、现代物流等。经过对这三个区域的产业规划及结构分析不难发现,这些板块都同样注重汽车制造、高端制造业及新能源等领域的发展。而西安航空基地则以飞机制造、航空零部件的制造维修改装以及航空新材料等领域为产业导向。与西安航空基地相关联的西安航天基地则重点发展卫星及卫星应用、太阳能光伏及大功率半导体照明、以服务外包及动漫创意为主的数字航天产业。虽然看似个别板块间所生产和开发的装备具体内容有所差异,但其装备制造的整体功能定位依旧清晰可见,各板块间的相互关联性也有迹可循,因此从产业结构的角度分析,将这7个板块作为一个整体的先进制造功能区十分具有可行性。

总之,集合大西安先进制造功能区中7个区域板块的区位因素及产业因素等特点,虽然西安航天基地与其余6个板块在地理区位上略有分离,但不影响整体大西安先进制造功能区空间区位的相关性。此外,就区域产业发展中定位和主导产业的集合默契度而言,很好地弥补了其在空间区位上的不足,使大西安先进制造功能区的区域划分有理有据。

三 大西安物流金融功能区

大西安物流金融功能区包括西安国际港务区、西咸新区空港新城、西安金融商务区(位于西安浐灞生态区)三部分。

从空间区位角度分析,大西安物流金融功能区整体位于西安北

第四章 产业空间耦合：大西安"5+1"城市经济功能区格局构建

部地区。其中西咸新区空港新城位于西安主城区西北方，与泾河新城、秦汉新城相连。以西咸新区空港新城为起点继续向东延伸，则是西安国际港务区，位于西安主城区东北部灞河与渭河之间的三角洲地带。而西安金融商务区则位于西安东北部的西安浐灞生态区，与西安国际港务区又构成了地理区位上的紧密结合。因此从空间区位角度分析可以看出，组成大西安物流金融功能区的三部分区域板块在地理位置上具备整体区位发展的合理条件，彼此连成一片整体构成一个全新的物流金融功能区，在空间区位上为功能区发展奠定了基础。

从产业结构角度分析，西安国际港务区所发展的主导产业以现代物流、现代服务业两大产业为基础；空港新城则注重发展航空运输及物流业、临空制造业、国际商贸、高端服务业、临空农业等与航空产业紧密结合的物流与服务业；位于浐灞生态区核心位置的西安金融商务区重点建设金融机构、大型企业和泛金融机构总部等并配套服务平台，注重商务配套、商业娱乐等多方位的建设发展。整体而言，西安国际港务区与空港新城在产业结构及发展定位上具有极大的相似性与共同性，其发展目标和策略基本相同，只是空港新城更多地以航空产业为依托。西安金融商务区则是在物流发展基础上的进一步提升与补充，在金融及服务业发展上为其做了很好的支撑。因此，构成大西安物流金融功能区的三大板块彼此之间产业相互作用明显，相辅相成，在彼此共通的基础上又相互补充，科学有效地构成了大西安物流金融功能区。

总之，集合大西安物流金融功能区中三个区域板块的区位因素及产业因素等特点，西安国际港务区、西咸新区空港新城、西安金融商务区三个板块不仅在空间区位上具有整合及发展优势，彼此相近相连，而且就产业结构发展来讲相互作用明显，产业定位相近，使整个大西安物流金融功能区的划分科学有效。

四 大西安文化旅游功能区

大西安文化旅游功能区包括西安曲江新区、西安浐灞生态区、临潼度假区、西咸新区秦汉新城、秦岭生态保护区、汉长安城遗址区六大板块。

从空间区位角度分析，大西安文化旅游功能区的整体区位分布面积较大，分布较不集中。也就是说不聚集于某一具体区域，相比于其他功能区来说地理区位跨度更大，所含板块更多，更不易从区位角度进行直接整合。但这并不意味着就空间区位角度而言它们是毫无联系的。西安秦岭生态保护区规划总用地面积达 5852.67 平方千米，所覆盖面积较大，涉及周至、鄠邑、长安、蓝田、灞桥、临潼 6 区县 50 个乡镇；西咸新区秦汉新城位于西咸新区的几何中心，是西咸新区五大功能组团的核心区域，南跨渭河与西安相望；汉长安城遗址区位于渭河南岸，西安主城区的西北部，与沣东新城、秦汉新城相通相近；西安曲江新区位于西安市东南部，同时辐射带动大明宫遗址保护区、西安城墙景区、临潼国家旅游休闲度假区和楼观道文化展示区等区域，形成文化产业全新发展格局；西安浐灞生态区主体位于西安市灞桥区和未央区，是西安市统筹城乡、推动生态经济发展的重点区域；西安临潼度假区则位于西安市东北、临潼区西南。由于所设板块较多，部分区域所涉面积较大，因此对于此功能区空间区域的整合不能完全形成对某一特定区域的黏合。但综合六大板块不难发现，虽然不同板块间直接相连的区域较少，但将所有板块进行点线相连则会发现其功能区中大部分板块围绕西安市主城区设立，形成了一种与环状结构相似的区域分布，整体上也存在相关相连的空间布局。

从产业结构角度分析，无论是就主导产业发展还是就产业集群状况而言，大西安文化旅游功能区中六大区域板块均以文化、旅游、商贸、居住、休闲服务等为主导产业，根据各区域文化特色进行不同的规划，打造不同的文化生态旅游新区。各文化生态旅游新区不但使

第四章　产业空间耦合：大西安"5+1"城市经济功能区格局构建

整个大西安文化旅游功能区内容丰富、特色鲜明，更形成了一种整体发展共同打造旅游文化新城的趋势与氛围，从整体上构成了重点发展大西安历史文化与旅游服务的集合产业功能区。

集合大西安文化旅游功能区中六大区域板块的区位因素及产业因素等特点，紧密关联的产业结构与发展定位很好地弥补了这六大板块相对而言在空间区位上的劣势，使整体大西安文化旅游功能区的规划与功能区划分变得科学可行。

五　大西安现代服务功能区

大西安现代服务功能区包括灞河新区、土门地区、大兴新区、幸福路地区、小寨地区、常宁新区六大板块。

从空间区位角度分析，由于此功能区中的板块主要位于西安市城区以内，因此在区域位置上已然形成了良好的区位互动条件与联合发展契机。这些看似分布在西安市不同方位的板块实则在西安构成了一个综合发展现代服务业的大商圈。现代服务业大体相当于现代第三产业，其市场发展前景其实是非常乐观的。自金融危机以后，许多制造业和生产企业发展低迷，然而服务业增长态势却势如破竹，增长速度非常快。因此，如果能利用有利的发展契机使各个区域板块在整个大西安现代服务业发展力量上拧成一股绳，齐头并进，想必最终必然会事半功倍。因此，利用好大西安现代服务功能区各板块间的空间区位优势，无疑将成为推动整个区域快速发展的一把金钥匙。

从产业结构角度分析，西安土门地区以商务办公、商业商贸、科技研发、文化旅游、都市居住为主导产业，目标是建设以五金机电贸易业、商贸服务业、住宅房地产业为主导的国际化、现代化商住商贸宜居新区。比较而言，西安幸福路地区主导产业同样涉及商务商贸、总部经济、宜居社区等方面。同样，其他几个板块包括小寨地区、灞河新区、常宁新区同样涉及商贸服务、历史文化、餐饮娱乐等相关联的产业发展内容。因此，从产业结构及产业发展相似度上分析，将六个板块进行有机结合形成一个完整的大西安现代服务功能区符合整体区域耦合发展的新要求。

无论是着眼于六大板块在空间区位上的天然优势,还是其在产业结构及产业发展定位方面的相似度,均充分说明了大西安现代服务功能区划分的合理性。

第五章
大西安城市经济功能区划分方案的测度及比较

第一节 研究思路及方法

一 研究思路

本部分的基本研究思路是：以第四章提出的西安市城市经济功能区划分方案为参照，以城市经济功能区之间的相对协调发展程度为客观尺度，以西安市政府新近提出的"'三廊一角一通道'产业发展格局"为比对方案，选择泰尔指数并从重点（产业）项目投资完成额和一般公共预算收入两个维度，对前述两个方案进行测度及比较，以确定两者中较优一方作为研究结论。

西安市政府提出"三廊一角一通道"的产业发展格局，具体指[1]：以高新区为引领、以"高新区+航天基地+沣东新城+沣西新城+大学城+科研院所"等为依托的科创大走廊，以经开区为引领、以"经开区+高陵组团+临潼组团+航空基地+富阎板块"等为依托的工业大走廊，以曲江新区为引领、以"曲江新区+楼观道文化

---

[1] 《大西安（西安市—西咸新区）国民经济和社会发展规划（2017—2021）》，西安市投资合作局官网，2018年4月8日，http://xaic.xa.gov.cn/zsyz/tzzn/tzzc/5db01074fd850838ef060e83.html。

展示区+白鹿原+临潼景区"等为依托的文化产业大走廊，以高新科技金融区为核心—丝路经济带能源金融贸易区—曲江浐灞文化金融、新金融试验区为支撑的金融"金三角"，以及以"国际港务区+空港新城+浐灞生态区"等为依托的对外开放通道。

显然，两个方案对西安航天基地的处理有所不同，在对西安浐灞生态区的功能定位上也有差异。本书认为，将西安航天基地划入大西安先进制造功能区，有利于西安市三个国家级经开区（西安经开区、西安航空基地和西安航天基地）的整合以及全市航空航天产业的统筹发展，而将西安浐灞生态区的主体划入大西安文化旅游功能区，主因是其核心产业多为文化产业。

二 研究方法

如何评价并比较本书提出的方案和西安市的官方方案，进而明确相对较优的大西安城市经济功能区划分方案？本书认为：划分城市经济功能区的基本考虑，是对城市原有多个开发板块按照产业功能进行归并，能够在一定程度上避免同类产业板块的恶性竞争和不公平竞争，促进其协调发展；而在划分了城市经济功能区之后，城市的主导产业有了相对完整、独立的发展空间，产业间的协作关系（如物流金融作为生产性服务业对高新技术产业和先进制造业的支持）更加清晰、顺畅，并带来城市主导产业在空间上更加均衡、协调的发展，从而促进城市发展特别是经济产业发展整体利益的实现。因此，城市经济功能区内部特别是城市经济功能区之间的协调发展，就成为衡量其划分合理性的重要尺度。此外，西安市政府提出要围绕高新技术、先进制造、商贸物流、文化旅游打造四个万亿级产业，也从产业规模这个侧面反映了城市经济功能区之间需要协调发展。从而，问题可以转化为对城市经济功能区的经济发展协调（差异）程度进行评价。

当前，泰尔指数广泛应用于区域经济差异的测度分析，国内学者已经利用它先后开展了辽宁、江苏、浙江、安徽、北京、重庆、渭南等省、市的区域经济差异研究（赵述，2013；刘芳、王培暄，2013；杨秀秀，2013；姜丽丽、陈东景，2017；胡望舒、孙威，2013；郑婷，2014；陈佳、朱莉芬，2016；张红侠、陈明，2016），进而寻求各自区域经济及产业协调发展的策略和路径。概括而言，泰尔指数提供了一种测量组间（区域间）收入分布与人口分布之间差异的方法（刘续棵，2014），而且可以将总体差异分解为区域内和区域间差异，因此被众多研究者采用（胡望舒、孙威，2013）。鉴于此，本书也选择泰尔指数作为测度方法，对前述两种大西安城市经济功能区划分泰尔指数的计算公式为：

$$T = \sum \left[\frac{I_i}{I} \times \log\left(\frac{I_i/I}{P_i/P}\right) \right] \quad (5-1)$$

其中，T 是泰尔指数，I_i 是第 i 个地区的收入，I 是总收入，P_i 是地区 i 的人口，P 是总人口。

在本部分研究中，将把 P_i 所代表的人口相应替换为经济功能区的土地面积，I_i 所代表的收入相应分别替换为经济功能区的重点项目投资完成额、一般公共预算收入，然后分别进行计算和分析，对应的分析结果将作为经济功能区划分方案选优的客观依据。

第二节　数据准备

本部分将要开展的定量测度分析整体分为两部分：一是以区域重点项目投资完成额和区域土地面积为基础的测度分析，二是以区域一般公共预算收入和区域土地面积为基础的测度分析。结合大西安各个城市板块的数据可得性，本书选取了 8 个有代表性的国家级重要城市板块作为研究对象（涵盖高新技术、先进制造、物流金融、文化旅游 4 个主要的城市经济功能区），包括高新区、经开区、曲江新区、浐灞生态区、国际港务区、航空基地、航天基地和沣东新城，并将相应计算得到的泰尔指数作为分析及比较依据。

在具体计算过程中，首先计算了功能区划分之前面向各板块的泰尔指数，其次计算本书方案中功能区划分后的泰尔指数，再次计算西安市方案中功能区划分后的泰尔指数，最后梯次进行对比分析。为使测度结果更加客观、全面，作者统计了2014~2016年连续三年的数据，所有数据均来自各个城市板块的门户网站和西安市统计局网站（见表5-1）。此外，表5-2给出了实际参与测算的8个重要城市板块在两种大西安城市经济功能区划分方案中的具体分布比对情况。

表 5-1 大西安重点城市板块相关数据统计

编号	城市板块	规划面积（平方千米）（P）	重点项目投资完成额（亿元）（I） 2014年	2015年	2016年	一般公共预算收入（万元）（R） 2014年	2015年	2016年
1	高新区	307	350.89	382.89	417.14	733642	882799	1035785
2	经开区	113.74	223.34	228.97	230.08	304473	364520	426905
3	曲江新区	51.5	137.43	116.5	120.09	285442	350425	411710
4	浐灞生态区	129	117.22	142.07	145.9	104504	128329	155245
5	国际港务区	120	68.72	66.21	72.27	20749	30074	40199
6	航空基地	72	27.36	29	27.31	30245	39229	48305
7	航天基地	86.68	36.15	37.35	38.42	6534	8553	10269
8	沣东新城	159.3	124.36	135.32	133.9	25176	38817	103600
	合计	1039.22	1085.47	1138.31	1185.11	1510765	1842746	2232018

表 5-2 8个重要城市板块在两种大西安城市经济功能区划分中的分布比对

分区编号	城市经济功能区划分（A，本书）	分区编号	城市经济功能区划分（B，西安市）
A_1	高新区+沣东新城	B_1	高新区+航天基地+沣东新城
A_2	经开区+航空基地+航天基地	B_2	经开区+航空基地
A_3	国际港务区	B_3	国际港务区+浐灞生态区
A_4	曲江新区+浐灞生态区	B_4	曲江新区

第三节　基于重点项目投资完成额的泰尔指数测度及分析

结合表 5-1 中的统计数据，首先计算划分功能区之前面向 8 个重要城市板块的泰尔指数的各年度数据项（见表 5-3）。在表 5-3 中，P_i 代表第 i 个板块的规划面积（$i=1\sim8$，对应表格中各个板块的编号，如 P_1 代表高新区的规划面积），P 是各板块规划面积的加总；I_i 代表第 i 个板块的重点项目投资完成额（$i=1\sim8$，对应表格中各个板块的编号，如 I_1 代表高新区的重点项目投资完成额），I 是各板块重点项目投资完成额的加总。在计算得到各个数据项之后，即可利用公式（5-1）得到划分功能区之前面向 8 个重要城市板块的分年度泰尔指数结果（见表 5-3）。

2014～2016 年，衡量大西安 8 个重要城市板块之间经济差异（地均重点项目投资完成额）的泰尔指数分别为 0.058734617、0.049848745、0.049943961，表明在这三年里，大西安 8 个重要城市板块间的地均重点项目投资完成额始终存在一定差异，而且这种差异没有表现出明显的减弱趋势。

接下来，仍然结合表 5-1 中的统计数据以及表 5-2 中的经济功能区划分（$A_1\sim A_4$），给出面向本书功能区划分方案的泰尔指数的各年度数据项以及最终的泰尔指数结果（见表 5-4）。可以看出，在划分了城市经济功能区之后，反映各功能区之间经济差异的泰尔指数的各年度结果较分区前结果都显著减小，即从 0.058734617、0.049848745、0.049943961 分别减小到 0.010369635、0.010848481、0.009962599，且分区后的泰尔指数在整体上呈现按年度减弱的趋势。这一结果能够表明，本书提出的大西安城市经济功能区划分方案具有初步的合理性，可促进原有城市板块的耦合、协调发展以及城市整体经济产业的协调、均衡发展。

表 5-3 分区前面向 8 个重要城市板块的泰尔指数计算过程
（基于重点项目投资完成额）

编号	城市板块	2014 年 P_i/P	2014 年 I_i/I	2015 年 P_i/P	2015 年 I_i/I	2016 年 P_i/P	2016 年 I_i/I
1	高新区	0.29541	0.32326	0.29541	0.33637	0.29541	0.35198
2	经开区	0.10945	0.20575	0.10945	0.20115	0.10945	0.19414
3	曲江新区	0.04956	0.12661	0.04956	0.10234	0.04956	0.10133
4	浐灞生态区	0.12413	0.10799	0.12413	0.12481	0.12413	0.12311
5	国际港务区	0.11547	0.06331	0.11547	0.05817	0.11547	0.06098
6	航空基地	0.06928	0.02521	0.06928	0.02548	0.06928	0.02304
7	航天基地	0.08341	0.0333	0.08341	0.03281	0.08341	0.03242
8	沣东新城	0.15329	0.11457	0.15329	0.11888	0.15329	0.11299
泰尔指数（T）		0.058734617		0.049848745		0.049943961	

表 5-4 按照本书功能区划分方案的泰尔指数计算过程
（基于重点项目投资完成额）

编号	功能区	2014 年 P_i/P	2014 年 I_i/I	2015 年 P_i/P	2015 年 I_i/I	2016 年 P_i/P	2016 年 I_i/I
A_1	高新技术功能区	0.44870	0.43783	0.44870	0.45525	0.44870	0.46497
A_2	先进制造功能区	0.26214	0.26426	0.26214	0.25944	0.26214	0.24961
A_3	物流金融功能区	0.11547	0.06331	0.11547	0.05817	0.11547	0.06098
A_4	文化旅游功能区	0.17369	0.23460	0.17369	0.22715	0.17369	0.22444
泰尔指数（T）		0.010369635		0.010848481		0.009962599	

进一步，继续结合表 5-1 中的统计数据以及表 5-2 中的经济功能区划分（$B_1 \sim B_4$），给出面向西安市功能区划分方案的泰尔指数的各年度数据项、最终的泰尔指数结果，以及它们与面向本书功能区划分方案对应数据项的比对情况（见表 5-5）。从最终两种方案下的泰尔指数结果、表 5-3 中的泰尔指数结果及其比对来看：首先，可以肯定西安市的分区方案也具有其合理性，体现在 0.027421231 <

0.058734617、0.015859948 < 0.049848745、0.014211877 < 0.049943961，即能够持续促进原有城市板块的耦合和协调发展；其次，与本书分区方案相比，西安市分区方案在功能区之间的协调和均衡发展程度上是比较弱的，体现在 0.010369635 < 0.027421231、0.010848481 < 0.015859948、0.009962599 < 0.014211877，也就是说本书提出的大西安城市经济功能区划分方案是一种比较而言更优的划分策略，更能促进城市整体经济产业的协调、均衡发展。

表 5-5 按照本书及西安市功能区划分方案的泰尔指数计算及比对
（基于重点项目投资完成额）

编号	2014年 $\frac{P_{Ai}}{P}$	2014年 $\frac{P_{Bi}}{P}$	2014年 $\frac{I_{Ai}}{I}$	2014年 $\frac{I_{Bi}}{I}$	2015年 $\frac{I_{Ai}}{I}$	2015年 $\frac{I_{Bi}}{I}$	2016年 $\frac{I_{Ai}}{I}$	2016年 $\frac{I_{Bi}}{I}$
A_1/B_1	0.44870	0.53211	0.43783	0.47113	0.45525	0.48806	0.46497	0.49739
A_2/B_2	0.26214	0.17873	0.26426	0.23096	0.25944	0.22663	0.24961	0.21719
A_3/B_3	0.11547	0.04956	0.06331	0.12661	0.05817	0.10234	0.06098	0.10133
A_4/B_4	0.17369	0.23960	0.23460	0.17130	0.22715	0.18297	0.22444	0.18409
泰尔指数（T_A/T_B）			T_A: 0.010369635 T_B: 0.027421231		T_A: 0.010848481 T_B: 0.015859948		T_A: 0.009962599 T_B: 0.014211877	

综上可以发现，在原有多个城市板块基础上按照一定原则来划分形成城市经济功能区，在很大程度上能够促进城市区域经济协调发展，也是大势所趋；但对于不同的功能区划分方案来说，它们之间也存在"谁比谁更好一些"的问题，因此需要做进一步的测度分析。具体到大西安的城市经济功能区划分，通过结合泰尔指数的初步综合分析，本书提出的大西安城市经济功能区划分方案存在一定的优越性。下面将结合另外一个对于城市区域而言十分重要的经济指标即一般公共预算收入，继续对上述两种分区方案进行比较及分析。

第四节 基于一般公共预算收入的泰尔指数测度及分析

按照与上一节相同的研究逻辑及顺序，这里先给出基于城市板块/城市经济功能区一般公共预算收入的三个泰尔指数计算过程及结果，依次为基于一般公共预算收入的分区前面向大西安8个重要城市板块的泰尔指数计算（见表5-6）、按照本书功能区划分方案的泰尔指数计算（见表5-7）以及按照本书及西安市功能区划分方案的泰尔指数计算及比对（见表5-8）。在表5-6中，P_i和P的含义与前文一致，只不过I_i和I替换为了这里的R_i和R，其中R_i代表第i个板块的一般公共预算收入（$i = 1 \sim 8$，对应表5-6中各个板块的编号，如R_1代表高新区的一般公共预算收入），R是各板块一般公共预算收入的加总。在表5-7和表5-8中，P_i和P、R_i和R的含义与表5-6中的基本一致。此外，在利用公式（5-1）时，只需要将I_i和I分别替换为R_i和R即可。

表5-6　分区前面向8个重要城市板块的泰尔指数计算过程
（基于一般公共预算收入）

编号	城市板块	2014年 $\frac{P_i}{P}$	2014年 $\frac{R_i}{R}$	2015年 $\frac{P_i}{P}$	2015年 $\frac{R_i}{R}$	2016年 $\frac{P_i}{P}$	2016年 $\frac{R_i}{R}$
1	高新区	0.29541	0.48561	0.29541	0.47907	0.29541	0.46406
2	经开区	0.10945	0.20154	0.10945	0.19781	0.10945	0.19126
3	曲江新区	0.04956	0.18894	0.04956	0.19016	0.04956	0.18446
4	浐灞生态区	0.12413	0.06917	0.12413	0.06964	0.12413	0.06955
5	国际港务区	0.11547	0.01373	0.11547	0.01632	0.11547	0.01801
6	航空基地	0.06928	0.02002	0.06928	0.02129	0.06928	0.02164
7	航天基地	0.08341	0.00432	0.08341	0.00464	0.08341	0.0046
8	沣东新城	0.15329	0.01666	0.15329	0.02106	0.15329	0.04642
泰尔指数（T）		0.205397467		0.196260752		0.169835482	

第五章 大西安城市经济功能区划分方案的测度及比较

表5-7 按照本书功能区划分方案的泰尔指数计算过程
（基于一般公共预算收入）

编号	功能区	2014年 $\frac{P_i}{P}$	2014年 $\frac{R_i}{R}$	2015年 $\frac{P_i}{P}$	2015年 $\frac{R_i}{R}$	2016年 $\frac{P_i}{P}$	2016年 $\frac{R_i}{R}$
A_1	高新技术功能区	0.44870	0.50227	0.44870	0.50013	0.44870	0.51047
A_2	先进制造功能区	0.26214	0.22588	0.26214	0.22374	0.26214	0.21751
A_3	物流金融功能区	0.11547	0.01373	0.11547	0.01632	0.11547	0.01801
A_4	文化旅游功能区	0.17369	0.25811	0.17369	0.25980	0.17369	0.25401
泰尔指数（T）		0.041704233		0.039748695		0.038358997	

表5-8 按照本书及西安市功能区划分方案的泰尔指数计算及比对
（基于一般公共预算收入）

编号	2014年 $\frac{P_{Ai}}{P}$	2014年 $\frac{P_{Bi}}{P}$	2014年 $\frac{R_{Ai}}{R}$	2014年 $\frac{R_{Bi}}{R}$	2015年 $\frac{R_{Ai}}{R}$	2015年 $\frac{R_{Bi}}{R}$	2016年 $\frac{R_{Ai}}{R}$	2016年 $\frac{R_{Bi}}{R}$
A_1/B_1	0.44870	0.53211	0.50227	0.5066	0.50013	0.50477	0.51047	0.51507
A_2/B_2	0.26214	0.17873	0.22588	0.22156	0.22374	0.21910	0.21751	0.21291
A_3/B_3	0.11547	0.04956	0.01373	0.18894	0.01632	0.19016	0.01801	0.18446
A_4/B_4	0.17369	0.23960	0.25811	0.08291	0.25980	0.08596	0.25401	0.08756
泰尔指数（T_A/T_B）			T_A：0.041704233 T_B：0.081458979		T_A：0.039748695 T_B：0.080608347		T_A：0.038358997 T_B：0.07590633	

从表5-6可以看到，2014~2016年，衡量西安市8个重要城市板块之间地均一般公共预算收入差异的泰尔指数分别为0.205397467、0.196260752、0.169835482，表明在这三年里，西安市8个重要城市板块间的地均一般公共预算收入始终存在明显差异，与此同时这种差异呈现一定的减弱趋势。

从表5-7可以看到，在按本书方案划分了城市经济功能区之后，反映各功能区之间经济差异（地均一般公共预算收入差异）的泰尔指数的各年度结果较分区前显著减小，即从0.205397467、0.196260752、0.169835482分别减小到0.041704233、0.039748695、0.038358997，

79

且分区后的泰尔指数在整体上仍然呈现按年度减弱的趋势，表明在一般公共预算收入测度下本书分区方案仍然具有合理性，能促进原有城市板块的耦合、协调发展以及城市整体经济产业的协调、均衡发展。

从表5-8对一般公共预算收入测度下两种方案的泰尔指数结果、表5-6中的泰尔指数结果及其比对来看，仍然可以肯定西安市分区方案的合理性，体现在0.081458979＜0.205397467、0.080608347＜0.196260752、0.07590633＜0.169835482，但与本书分区方案相比，西安市分区方案在功能区之间的协调和均衡发展程度上仍然较弱，体现在0.041704233＜0.081458979、0.039748695＜0.080608347、0.038358997＜0.07590633，从而再度表明本书提出的大西安城市经济功能区划分方案是一种更优的划分策略。

到此为止，可以大体上做出如下基本判定，即本书提出的大西安城市经济功能区划分方案与西安市提出的分区方案相比更为合理，更能从整体上促进城市经济产业的协调和均衡发展。其中一个较为重要的原因应该是，本书的方案更多考虑了相关城市板块在产业定位上的相近或一致，而西安市的方案更关注相关城市板块的地理邻近性（如对航天基地、浐灞生态区的划分处理等）。

这里还要特别强调一下所选两个核心测度指标即重点项目投资完成额与一般公共预算收入的适用性，因为对于城市开发板块或城市经济功能区而言，其基本使命就是吸引相关产业的项目投资进而带动经济增长，而一般公共预算收入则是衡量板块或功能区经济发展质量及其可持续性的重要依据，从而两个核心指标的选取也是适宜的。

为更加直观地体现表5-3至表5-5以及表5-6至表5-8的计算过程，作者又给出了图5-1和图5-2，以便清晰地区分及比较两个测度指标下对应三种不同情况的泰尔指数计算结果。

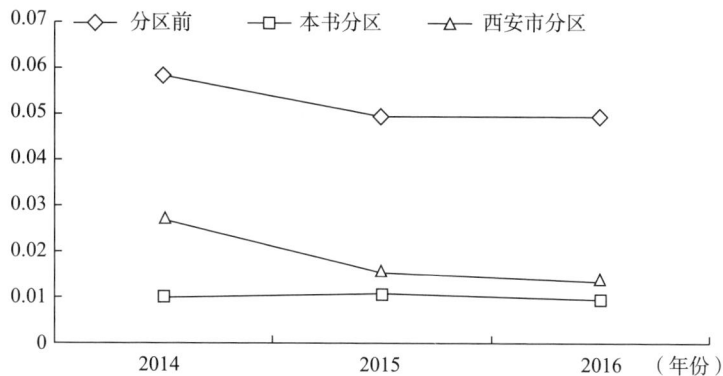

图 5-1　2014~2016 年基于重点项目完成额的泰尔指数计算结果及比较

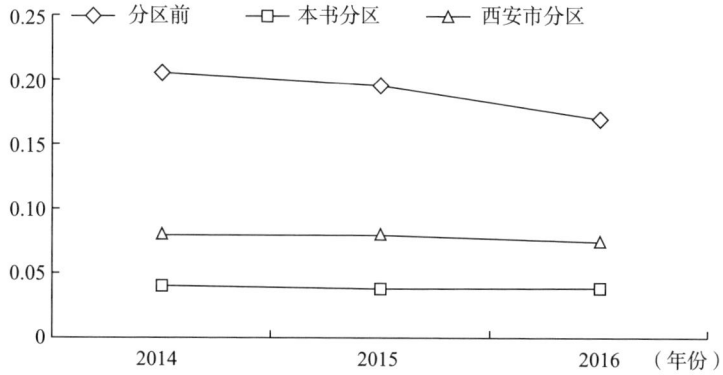

图 5-2　2014~2016 年基于一般公共预算收入的泰尔指数计算结果及比较

第五节　结论

在原有多个城市板块基础上划分城市经济功能区，板块产业定位的一致或接近是对其进行整合提升的首要标准，同时板块间的地理邻近性也是重要的考量因素。在此基础上，提出大西安可以构建以高新技术、先进制造、物流金融、文化旅游、现代服务为主题的5个城市经济功能区，外加一个自贸经济功能区。

西安市政府提出的"三廊一角一通道"的产业发展格局，事实上是另一种大西安城市经济功能区的划分方案。为此，在综合了学理分析与现实目标两方面因素后，提出可以把城市经济功能区之间的协调发展程度作为衡量标准，对本书方案与西安市方案进行比较选优。相应地，选择泰尔指数作为适宜的测度方法，在确定了可以进入测度的重点城市板块后，以重点项目投资完成额、一般公共预算收入作为主要测算指标，分别得到了对应分区前、本书分区方案和西安市分区方案三种情况下的泰尔指数结果。通过对这些结果的梯次分析和对比分析，有理由认为：本书提出的大西安城市经济功能区划分方案较为合理，更能满足城市经济功能区之间协调发展的需要。

第六章

产业资源耦合：基于大西安城市经济功能区的产业项目布局管理

第一节 理论背景

一 区域行政

"区域行政指一定区域内的政府（两个或两个以上）为促进区域发展而相互协调关系，寻求合作，对公共事务进行综合治理，以便实现社会资源的合理配置，提供更优的公共服务"（陈瑞莲、张紧跟，2002）。据此，立足大西安整体利益的区域产业项目建设，实际上对"一省两市一区"间的行政协调提出了新要求，亟须通过区域行政实现更加包容、均衡及协调发展的新路径。

二 产业项目布局与城市板块融合

产业项目建设是促进城市板块发展的重要载体，而其布局是关系到各个城市板块之间发展与竞争的核心要素。从产业项目入手确立科学客观的项目布局及管理流程，有助于促进大西安城市板块的融合发展，促进各城市板块发挥其产业定位的特点及优势，避免无序争抢产业项目。因此，若能科学有序地对大西安内的产业项目进行有效布局，则能从源头上促进大西安城市板块整体发展的融合更为井然有序，产业项目的科学布局引领着各功能区乃至各城市板块发展定位清晰，而清晰的发展定位则进一步促进大西安城市板块的整体融合。

第二节 大西安产业项目布局管理的流程再造

一 大西安产业项目布局管理现状

自2005年西安市政府下发《关于成立西安市招商引资专家顾问小组的通知》（市政发〔2005〕103号），决定成立五大主导产业招商引资专家顾问小组[1]，至2016年3月西安市政府负责人强调要把招商引资作为"一把手"工程[2]，再至同年4月西安市建立重大招商引资项目联席会议制度构筑招商引资一盘棋格局[3]，大西安在近年的发展中始终将招商引资工作视为重中之重。但从实施效果来看，当前有关大西安项目招商与布局仍未出台统一的工作办法或管理流程，致使大西安项目的招商与发展仍未从根本上改变一盘散沙的管理现状。

二 大西安产业项目布局管理的流程再造

依托大西安五大城市经济功能区的基本划分，以"陕西省重点项目推进办法"[4]为参照，从功能区、功能区内板块等层次，优化设计产业项目布局中的政企沟通、项目立项、项目落地、补偿协调等核心流程。

---

[1] 《西安市成立23个招商引资团队5个专家顾问小组》，新浪网，2005年9月2日，https://news.sina.com.cn/c/2005-09-02/10076845091s.shtml。

[2] 《西安确立招商引资为"一把手"工程》，和讯网，2016年3月21日，http://news.hexun.com/2016-03-21/182880762.html。

[3] 《西安市人民政府关于建立市招商引资工作暨重大招商引资项目联席会议制度的通知》，西安市人民政府官网，2016年4月29日，http://www.xa.gov.cn/gk/zcfg/szh/5d4909fcf99d6572b76508b9.html。

[4] 《陕西省重点项目推进办法》，中国共产党新闻网，2013年5月9日，http://theory.people.com.cn/n/2013/0509/c40531-21427385.html。

第六章 产业资源耦合：基于大西安城市经济功能区的产业项目布局管理

（一）政企沟通

对整个产业项目推进过程而言，首先将由政府与项目投资方进行及时沟通协调，对于投资方是否同意其投资项目按全省项目推进的各项机制进行统一的协调布局进行商讨。若投资方同意由政府按照省市各项规定进行协调性布局建设，则进入项目申建环节；若投资方与政府未达成统一意见，则该项目返还于投资方，由其自行协商布局。

（二）项目立项

产业项目投资方拟建设项目落地的前提，是该项目要符合重点项目的要求。项目满足重点项目的要求后，项目申建单位将项目相关申报文件和项目的可行性研究报告抄送环保、税务、经信、规划、国土、建设等部门进行质量综合评估。根据"陕西省重点项目推进办法"的要求，主要从排放总量等六方面进行综合评估，只有同时通过这些指标评定的项目才可以予以预立项。对于未通过的项目，则将有关申请资料退回项目申请单位。

（三）项目落地

项目预立项后，将由省主管部门组织专家比较分析，结合指标对比评定。根据评定结果确定布局，即确立选址咸阳地区或大西安地区。若选址咸阳则直接进入补偿协调阶段，若选址大西安则需进行进一步的经济功能板块布局。首先，根据产业属性及产业配套两个方面确立应落地五大经济功能区中的哪个区域；其次，经过调查小组的实地调查、收集资料，由专家小组对各项目进行综合评价并从项目与板块匹配度、劳动力匹配度、节能环保要求、综合带动以及项目与功能区内部已有项目的关系等方面来打分，用加权平均法选择两个得分较高的板块；最后，由专家小组继续进行评价与选址。

（四）补偿协调

项目落地功能区后将进入补偿协调阶段。主要针对的是项目招商板块与落地板块不一致的情况下如何进行利益分配与协调补偿。

具体分析，利益协调主要包括评估、决策、实施、保障四个部分。

评估阶段，首先，要进行判断的是在产生的特定利益冲突中，涉及哪些具体的利益相关者。确定之后再对其重要程度进行识别排序，包括区分其优先顺序。其次，在整个区域发展中势必会有一些区域因合作而获得更多的发展机遇及经济收益，与此同时，另一些区域的地方政府及经济实体则会蒙受合作带来的损失，为了弥补该类区域或板块的损失，获得收益的区域应对其进行一定补偿。最后，需要进行可行性评估（游鹏，2015）。

决策阶段，应考虑多方面因素例如经济、社会、文化等，进而维护参与方的共同利益。除此之外，还应在客观公正的基础之上综合判定多方的利益与诉求，将利益相关者进行分层处理，确定具体的标准。特别需要强调的是，确立补偿标准时一方面要重视利益受损方的发展诉求，另一方面需考虑利益增进方的承受能力，最终做出具体的制度安排，确定合理的利益协调方式。

实施阶段，主要需确立具体有效的协调模式，明确政府间的职责与分工。区域政府间可尝试签订一系列的合作规划及合作协议等，或将涉及全区域的公共事务交由区域合作组织进行管辖。

保障阶段，首先应成立特定的区域利益协调机构，其次应加强动态管理与绩效评估，建立动态管理机制，加强动态评价、信息反馈等，对不适于实际发展情况或效果不佳的决策进行及时调整，实现区域合作及利益协调的可持续性发展。

项目利益协调之后，将进入项目建设、项目运行以及项目评估与反馈等具体环节。

三 大西安产业项目布局管理的流程模型

根据相关理论及现有功能区划分基础，通过项目的审查立项、规划布局、板块配套、补偿协调等环节，设计出一整套有关资源、资本、事权、利益等核心要素的流程模型（见图6-1）。

第六章 产业资源耦合：基于大西安城市经济功能区的产业项目布局管理

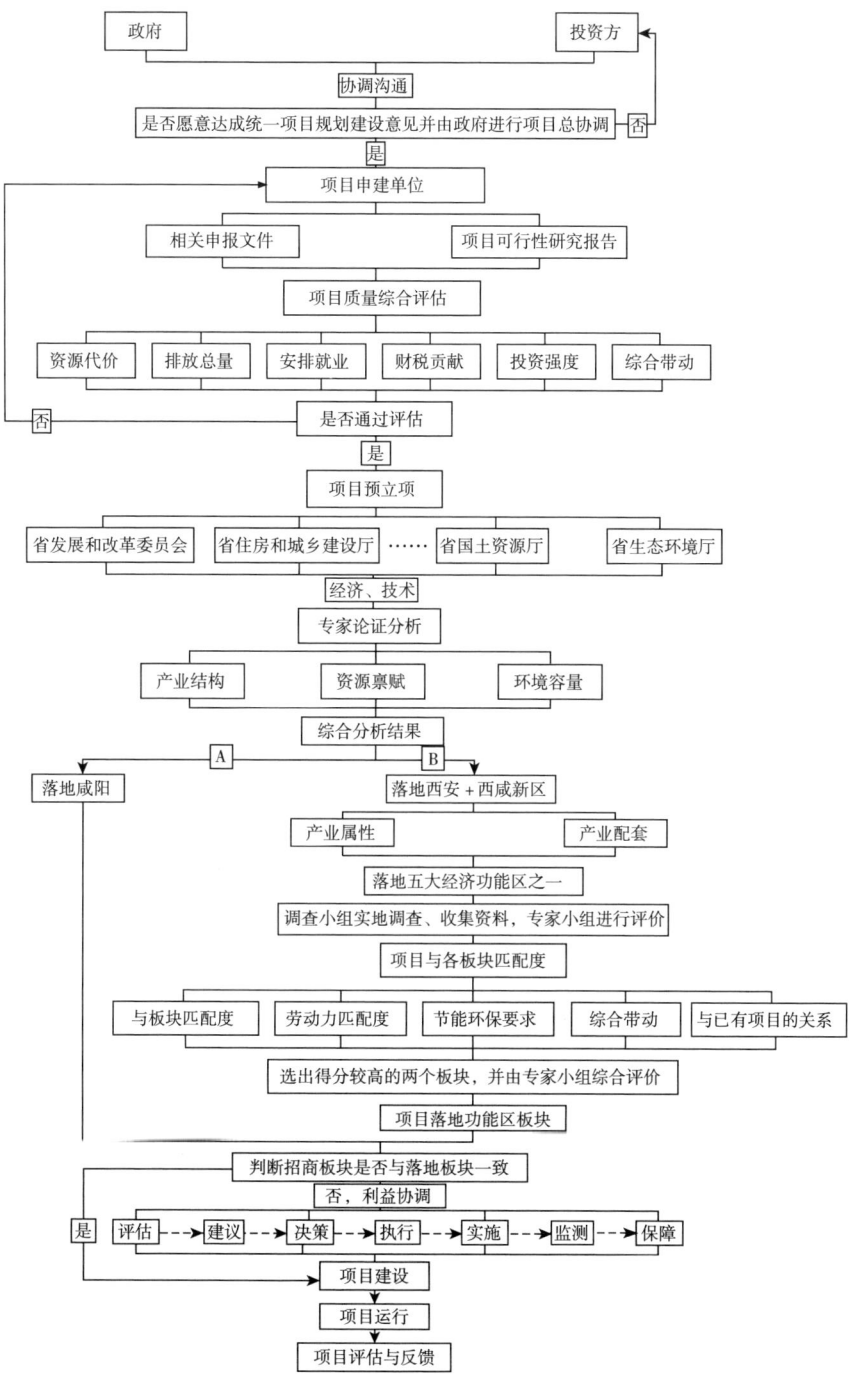

图 6-1 大西安产业项目布局管理的流程模型

第三节　大西安产业项目布局管理的机制设计

一　政商沟通机制

项目推进的第一步,是要在政府与项目投资方之间达成项目建设的一致性意见,也就是项目投资方愿意接受政府所提出的一系列项目规划意见,从整个大西安发展规划的角度对省重点项目进行统一的规划布局及建设,并在此基础上签署统一的项目建设协议。具体而言,就是首先由省级单位牵头部署,并主要负责项目推进前与各项目投资方的协调工作。经过协调讨论,若项目投资方同意由政府协调负责项目的规划及相关工作,则双方签署由政府统一出台的相关协议;若经过沟通,项目投资方不同意由政府主导项目的选址布局等程序,则退出投资。

二　质量评估机制

为确保申请单位所申请项目符合重点项目的要求,应将项目审查立项机制纳入全省重点项目建设机制。首先,项目申建单位按照项目申请相关办法及流程将相关申报文件和项目可行性研究报告抄送至省级环保、税务、经信、规划、国土、建设等部门进行项目质量综合评估。其次,建立省重点项目立项评审会,对其资源代价等六个方面进行评审与讨论,最终由评审会决定各项目是否通过评审考察。若项目通过评审则进行重点项目建设预立项,若项目未通过则直接退回给相关项目申请单位并提供详细的评审情况说明。项目预立项阶段包括两个方面:一是根据项目申请单位的基本发展规划拟定项目原则规划;二是在原则规划的基础上选择合适的技术项目。

三　省级协调机制

项目预立项后,进入省级协调阶段,实行专家论证制度。由省发改委同其他省级行政主管部门，组织专家进行指标评定；根据结果确定项目的选址布局。最终由省政府综合评定结果，对于各个项目具体布局咸阳地区或布局大西安区域进行决策。若落地咸阳，项目可直接进入项目补偿协调阶段；若落地大西安区域，项目则进入具体区域的板块配套环节。

四　市级协调机制

项目通过前期综合评定落地大西安区域之后，则需基于大西安五大经济功能区的产业属性与产业配套来选择项目落地具体板块。由市委常委会牵头组成调查小组，对各个板块进行实地调查，并结合已有的资料整理成册。从专家库中挑选3~5名专家组成专家小组，专家小组根据整理成册的项目资料，对项目与各个板块的匹配度进行打分（这里的匹配度是指板块产业定位与项目产业定位之间的一致性）。从项目与板块匹配度、劳动力匹配度、节能环保要求、综合带动以及项目与功能区内部已有项目的关系等方面来评价，算出各项目与板块间的匹配度得分。选择两个得分较高的板块由专家小组进行最终决策，若两个板块的得分比较接近，那么此时项目申请单位具有选择的主动权。项目申请单位可根据板块给项目的优惠政策（土地、税收等）和项目的发展前景来自主进行选择。

五　补偿协调机制

项目落地具体功能区板块之后，进入补偿协调阶段，主要包括评估、决策、实施、保障四个部分。首先，判断各项目的招商板块是否与落地板块一致。若一致，可直接进入项目建设阶段；若不一致，则需借助补偿协调机制进行相关利益补偿。另外，若是由西安市发展和改革委员会西安市重点建设项目领导小组办公室所征集的重点项目，则直接属于市级总体招商范畴，无关乎利益协调问题，直接进入项目建设阶段。利益协调的首要环节是判断招商板块与落地板块需在何种层面上进行协调：若招商板块与落地板块分属咸阳与大西安两个地区，则需陕西省委省政府进行总体协调；若招商板块与落地板块分属大西安区域内的不同功能区或不同功能板块，则需西安市委市政府进行统筹协调。整体而言，应该在区域内成立较高级别的协调组织调解跨地区投资和各板块间利益冲突等问题。

第七章
区域产业融合：大西安城市经济功能区的板块融合发展

第一节 大西安开发区管理模式及其突破

一 大西安开发区管理模式及其弊端

首先，就当前大西安各开发区板块属性而言，无论是从建立时间和板块级别来看，还是就管理机构及主管级别而言，都存在较大差异。在大西安开发区二十几年的发展过程中，各开发区在板块级别上存在从省级、市级到区级乃至共建的较大差距；管理机构方面大多由各自管委会进行统一管理，但其派出单位级别有所差异；各开发区主管级别更是从正厅级到正处级各不相同。这种板块、管理机构、主管级别上的较大差距为各个开发区间的合作发展筑起巨大的壁垒，这不仅使各开发板块面临完全不同的发展前景及发展方向，并且无疑对开发区间的统筹管理带来更大的挑战。

其次，从经济发展角度看，不可否认的是，经过二十余年的开发建设，大西安区域内各开发区已然成为大西安区域内经济发展最快、吸引外资最多、投资环境最优、技术水平最高的现代化产业集聚园区，成为整个大西安发展最为重要的经济增长极，为推动整个大西安的经济发展创造出巨大的活力。与开发区经济发展相协调的是开发区管理模式。虽然从经济发展角度分析当前大西安开发区已经取得一定的成绩，但其管理策略的创新与发展显然已经跟不上开发区经济发展的步伐。

通过对大西安开发区管理发展重点事件的梳理不难发现，大西安在管理模式的创新与调整上明显活力不足。除了实行全国大多数开发区的管理模式——"准政府"管委会设立之外，就基本仅仅涉及一些基础的人事调整与兼任，最突破传统管理模式的举措莫过于西安市正式代管西咸新区。这个看似让整个西安真正拥有大西安体量与格局的突破式举措，实则依旧存在种种问题并且尚未能发挥出它预期的效果与作用。这不仅需要继续推进与磨合，而且要求在管理模式上进行深入诊断与创新，探索出真正适应大西安开发区发展的一条或多条管理道路。

二 大西安开发区管理模式的突破方向

针对目前大西安开发区管理中存在的不足，为更客观地梳理出当前开发区管理中具体体现出的困境与问题，2017年3~6月，作者对大西安部分开发区进行了走访调研，并对实际参与开发区工作的员工及政府工作人员进行了多次访谈，从多视角探讨当前大西安开发区发展中的核心问题。

总体而言，大西安开发区凭借现有体制机制方面的优势，为大西安的经济发展做出了贡献，但在实际的采访与调研过程中，同时也发现了其管理上与经济发展不相适应的问题。

（1）"分灶吃饭"的管理体制从根本上制约了各开发区间为融合发展而形成一股合力的可能。很多受访者在访谈时都提到了当前管理体制对于开发区发展的制约问题，特别是沣西新城干部Z在采访中提到，现阶段受许许多多考核指标的限制，各开发区为了完成自己的指标承担着很大压力，一些合作也是在指标导向之下才能够完成的。这就难免出现一些开发区为达到指标而对一些重点项目进行争

第七章 区域产业融合：大西安城市经济功能区的板块融合发展

抢，哪怕该项目实则并不十分符合本区域的产业规划与定位。最终不仅破坏了本区域内的整体产业规划，而且使整个大西安的开发区规划与融合发展面临更多阻碍。因此，如何通过行政管理的手段对当前"分灶吃饭"的现状进行逐步优化与调整，是促进大西安开发区融合发展的关键所在。

（2）管理模式长时间缺乏突破与创新，很难适应处在不同发展阶段的各开发区的需求，差异化程度低。当前大西安各开发区采用管委会模式，实践证明，开发区现行的这种管理体制行之有效，特别是在管理部门设置中最大限度地避免政府职能交叉、政出多门、多头管理、机构臃肿以及人员冗杂，从而提高了行政效率，降低了行政成本（朱宏，2016）。在未来的发展中，应当继续坚持开发区行之有效的基本管理体制，但是与此同时，更应随着实践进展提出新的管理创新措施，使之日臻完善，根据各开发区不同的发展条件及发展现状探寻出适合各自发展的差异化管理模式。

（3）现有的较为单一的管理模式使各开发区间不但不能实现均衡发展，甚至会进一步加大开发区之间的发展差距，长此以往不利于大西安开发区的整体融合。以西咸新区五区为例，在对沣东新城干部W1进行采访时了解到，当前西咸新区中各个开发区的发展非常不均衡，沣东新城可谓独占鳌头——在2016年西咸新区的财政收入中，沣东新城一区占比45%，其余四区占总体的55%。这种极不均衡的发展态势已不是短时之趋，现有的管理体制迫使各开发区必须想办法为自身的发展建设谋求出路，极易忽视区域的整体建设与发展。

（4）近期的管理体制创新与交叉任职等举措尚未发挥出预期效果，如何量体裁衣地选择真正适合大西安开发区发展的差异化管理模式是当前亟须解决的管理困境。近期对于大西安开发区发展建设而言，最具开拓性的举措无非是正式将西咸新区交由西安市进行代管。关于西安市代管西咸新区的一些新闻报道及评论提出"要推进'大西安'建设，就必然会解决西咸一体化三方主体、各自为战的状态，更重要的是解决产业重复建设和恶性竞争的问题"。[1] 但根据目前西安代管西咸新区的发展态势来看，还远远没有达到预期的效果。正如西安市委某干部所述——西咸新区被代管之后，大西安的协调发展就政府管理而言，实则变得更加困难重重。大西安的发展建设涉及西安市、咸阳市、西咸新区三大区划板块，在原有的管理体制下，陕西省政府可统一协调把控三者之间的微妙关系。代管西咸新区后，尽管西安市政府的管辖权限在名义上得到扩大，但本质而言，此次调整主要改变了原有地区的代理权限，真正涉及管理核心的机构管辖权并未实质交接。此等错综复杂的关系无疑对大西安的管理建设构成了严重阻碍。

第二节　大西安开发区融合发展的策略集合

基于对国内开发区管理模式的梳理，如何在新型的更适于开发区发展的管理模式下进一步促进开发区相互间的融合发展，是当前大西安开发区发展中又一亟待解决的问题。基于对国内开发区治理模式的总结，在开发区探索出适合自身发展的管理模式的同时设计出更为有效的区域管理机制来促进开发区间的融合，不仅能够完善开发区各自的建设发展，更能推动整个区域形成一股合力，有效避免由于同质竞争等问题产生的区域间矛盾与冲突。

总体来看，依据行政干预强度从强到弱的顺序梳理，适于开发区融合发展的创新路径主要有区域合并、区域代管、区域领导交叉任职、区域联席会议、区域联盟和区域规划或协议等方式。

一　开发区合并

强调将两个或多个产业定位相似、区位相近、功能相同的不同开

---

[1] 《评论｜西咸新区托管给西安已是必然，大势不可逆！》，搜狐网，2017年1月13日，http://www.sohu.com/a/124238941_499450。

发区合并成为一个开发区的过程。该融合策略的最大优势在于促进区域间融合程度的最大化,极大缩减组织机构,提高行政效率,促进有关部门及人员齐心协力共同促进开发区的建设发展。弊端在于合并之前的计划商议难以协调,特别是对于行政人员的职位调整和安排困难较大,难以平衡。除此之外,合并之前需对不同开发区的产业发展定位与目标、财政状况、人员配置、运作模式等多方面进行全面的诊断与考量,这样才能真正确定是否能够将其进行统一的区域合并。

如河北省于2016年提出关于十一市开发区的优化整合,其中将河北栾城经济开发区与河北石家庄装备制造产业园、河北正定现代服务产业园与河北正定高新技术产业开发区、河北鹿泉经济开发区与河北鹿泉绿岛经济开发区等多个开发区均进行合并调整。[①]

二 开发区代管

适用于在整个区域中有一较为成功的开发区典型区域,能够指导与带领其他同质区域的情况。换言之,区域代管就是指典型开发区直接统一代管或间接指导规划其他起步较晚且发展较慢的开发区的过程。其优势在于能够有效借鉴典型开发区发展历程中的成功经验,优化资源配置,完善组织结构,提高整体效率,避免人员及财物浪费。各开发区间也能够通过相互之间的代管与协商更加了解彼此,有利于最终实现区域融合。但区域代管实现的前置性条件较为特殊:一是典型开发区已发展成熟且具备引导其他开发区发展的经验,二是与被代管开发区协调到位,双方均有共同发展的意愿。

三 开发区领导交叉任职

指在某一开发区担任领导职务的人员可同时兼任其他职务,包括兼任其他开发区的领导职务。在开发区融合发展的过程中重点强调某

---

① 《定了!河北11市开发区要大调整!》,搜狐网,2016年8月8日,https://www.sohu.com/a/111113773_391549。

一开发区的领导人员同时兼任其他开发区的领导职务的情况，通常所兼任职务的开发区间具有相似的产业及功能定位。交叉任职所带来的益处在于通过领导任命可以直接从上层管理中同时把握两区整体的发展状况，在整体发展思路上进行统合与交融，有助于解决区域间发展模式与发展步调不一致的问题。由于领导交叉任职的灵活性与适应性，全国许多地方的开发区已进行了应用。大西安开发区目前已进行了交叉任职的安排，如 2017 年 6 月高新区党工委书记李毅兼任航天基地党工委书记，经开区党工委书记李婧兼任航空基地党工委书记。

四　开发区联席会议

注重开发区间的自愿联合，主要职能是对影响整个区域（特定功能区）的事务提出建议，也为一般性问题提供一个研究和讨论的区域论坛。区域联席会议的实质存在，意在推动不同开发区针对整个大区域范围问题进行经常性的讨论，从而提高对整个功能区范围的长期综合性规划及短期合作性价值和必要性的认识，同时也有助于减少同质开发区成员之间的怀疑和敌对情绪（洪世健，2009）。更为重要的是，区域联席会议的模式不仅容易建立，并且能够变成一个研究开发区相互融合问题和解决问题途径的有效机制。区域联席会议不仅在大都市区发展中已成为政府合作的有效方式，而且是我国城市群横向合作发展中强有力的助推器。锁利铭等人对我国长三角、珠三角、京津冀、成都经济区四大城市群联席会议的研究表明，通过联席会议的作用发挥，各地政府在协作治理的积极性、自主性等方面已不断提高（唐亚林等，2017）。

五　开发区联盟

指不同开发区主体之间形成联盟进行联合与合作的方式。一般是由一个中心开发区与其他功能定位相似的多个开发区组成的"区域规划联盟"，负责整个大区域规划的编制。这种融合发展的方式能够在保留各自开发区功能特色的同时更好地推动整个大功能区的融合发展，不过多干预各个开发区内的事务安排。但与此同时，由于依旧保留着开发区各自的管理与经营权限，因此在区域目标实现统一的过程中存在一定的困难，特别是涉及各开发区经济利益相关的发展时不易协调。如2017年1月17日，陕西省高新区发展联盟揭牌仪式在西安高新区举行，由西安高新区牵头，其他6个国家级高新区、11个省级高新区、各设区市科技局、省级高新区所在区县科技局及陕西省科技资源统筹中心等为成员单位共同发起设立，是自愿组成的行业性、地方性、非营利性社会组织。[①]

六　开发区协议伙伴关系

签订区域规划或区域协议是明确区域间共同发展目标与方式最为直接的措施之一。区域规划实际是一种"区域性的战略思考"，它的主要目的是为整个功能区提出统一的整体性产业与空间发展战略，并将整个功能区的发展目标嵌入各开发区之中，它可以看作推动联合区域范围行动的一种有效手段。区域协议则突出了各开发区间的伙伴关系，可谓一种"组合发展"理念。区域协议意在使各开发区在明确整体发展目标的同时进行科学和合理的规划与分工，清晰界定各自的职责，彼此之间形成一种合作模式且能够达成一种相互制约的平衡。但其灵活平等的伙伴关系，使其在容易建立的同时也容易松散或产生冲突与矛盾。

第三节　面向大西安城市经济功能区的板块融合发展路径

本节以对大西安城市经济功能区的整体划分为基础，结合对开

[①]《陕西省高新区发展联盟成立》，中央政府网站，2017年1月18日，http://www.gov.cn/xinwen/2017-01/18/content_5160861.htm。

发区融合发展策略的梳理，将参照各功能区不同的发展现状及各板块的板块属性、主管级别、产业发展状况、区位条件等多方面，对其进行相应的管理路径设计，使其从区域行政的视角真正实现开发区的融合发展，进一步缓和市场与政府在资源配置中的基本矛盾，理顺产业间的发展与管理。

一 大西安高新技术功能区的融合发展

（一）基本分析

（1）从地理区位看，高新技术功能区的四个板块之间彼此毗邻，具有良好的区位优势，利于实现区域合并。

（2）从板块属性看，西安高新区隶属西安市，沣东新城与沣西新城属西咸新区，咸阳高新区又属咸阳市规划统筹，若要真正打破"分灶吃饭"的现状，协调三个不同行政主体之间的关系实现功能区统一难度极大。

（3）从产业发展状况分析，四个板块主体之间在产业属性上相似度高，均以信息技术、生物医药、电子研发等为主导产业，但也意味着存在较高同质竞争的风险。因此，从产业发展角度而言亟须以区域行政手段促进各个板块最大程度实现融合统一。并且，比较四个板块的发展现状不难看出，西安高新区是当前四个板块中成立时间最早、发展经验最丰富、经济体量增长最快的区域，因此整个高新技术功能区的发展应以西安高新区为龙头并使其发挥牵头作用。

（4）从主管级别的角度看，西安高新区的主管级别属正厅/副厅级，相比其他副厅级主管区域的行政级别较高，这种级别差有利于推进区域联盟、区域联席会议等管理方式，能充分发挥统筹并带动整个区域发展的作用，能有效避免均为同级区域所导致的相互推诿且不便于牵头协调的现象发生。

（二）路径设计

从基本分析来看，对于高新技术功能区的管理路径选择可以总

第七章 区域产业融合：大西安城市经济功能区的板块融合发展

结出以下几个方面：第一，区位上有优势但从板块属性来看行政协调难度大，不宜实行区域合并或区域代管；第二，产业发展状况反映西安高新区的突出优势以及各开发区对高度融合发展的需求，因此应尽可能选择适宜加强区域之间紧密联系的管理策略；第三，应充分利用主管级别之间的差别优势，发挥其中一区对于整体区域发展的带动与牵头作用，在这样的背景下区域联盟及区域联席会议都是较为适宜的路径选择。

根据以上梳理，本书认为大西安高新技术功能区应确立以"区域联盟+区域联席会议"为主的管理方式。同时，可将区域领导交叉任职与签订区域规划或协议作为其辅助的管理措施。可以由西安高新区牵头成立大西安高新技术区域联盟与区域联席会议，各板块领导人及高层人员可定时定点进行区域整体发展与规划的沟通和探讨，加强互动合作。区域联盟与区域联席会议之间的交融能更加深入地推进板块之间的相互了解，在无法实现区域合并的情况下最大限度促进区域之间的融合，更好地发挥西安高新区在整体区域中的优势。

二 大西安先进制造功能区的融合发展

（一）基本分析

（1）从地理区位看，除航天基地外，其余6个板块均位于西安主城区北部，彼此之间区位临近，实现区域合并优势明显。

（2）从板块属性看，7板块之间基本较为统一，不存在较大的行政协调障碍。

（3）从产业发展状况分析，7个板块主体之间在产业属性上虽然较为相似，但目前最大的障碍在于相互间发展极为分散，在整体上呈现散中无序的状态。各开发区负责人尽管都有搞好本开发区经济的动力，但对于和其他开发区的产业合作则激励不足，缺乏"一盘棋"意识。因此，从产业发展角度而言，需利用行政手段对分散的板块进行强力的整合，较为"软性"的行政管理措施恐难真正改变当前在产业定位上相近却在发展联系上相互分裂的整体区域现状。

（4）从主管级别的角度看，与高新技术功能区类似，担任经开区党工委书记的负责人的级别相对较高，为正厅级，其余板块的主管级别均属副厅级。

（二）路径设计

根据上述条件梳理与分析，对于先进制造功能区的管理路径选择基本总结为以下几点：第一，区位上有基本优势且协调难度较小，适宜区域合并或区域代管等管理措施；第二，产业发展状况反映了发展散乱无序但产业定位相互匹配的现状，因此必须通过较为强硬的行政手段对区域整体进行融合；第三，主管级别方面当前已采取了区域领导交叉任职的方式，这对于推进区域合并与区域领导交叉任职等策略而言有较大助推作用。

根据以上梳理，大西安先进制造功能区应确立以"区域合并＋区域领导交叉任职"为主的管理方式。在该管理策略的统筹下，使先进制造功能区以强力的行政手段实现真正的融合，彼此之间形成一股发展的合力，改变当前极为分散却在发展定位上具有相似性的相互矛盾的区域现状。虽然航天基地在区位上与其他四个板块不毗邻，但是可以利用区域领导交叉任职的措施，将航天基地的发展融入先进制造功能区的大区域发展之中。

三　大西安物流金融功能区的融合发展

（一）基本分析

（1）从地理区位看，三个板块均位于西安主城区的东北部，虽彼此不毗邻，但整体区位较接近，有助于更好开展各项区域活动从而增强各板块间的联系。

（2）从板块属性看，由于三个板块牵涉开发区、行政区与西咸新区之间的协调，西安金融商务区又位于浐灞生态区内，而浐灞生态区重点发展生态旅游项目，因此在协调发展中需进行多方的考量与沟通。

（3）从产业发展状况分析，三大板块产业功能趋同，均以现代物流、金融商贸等为主导产业，在成立时间、发展速度、经济体量方面也无极端性差异。但当前整个大西安东部的开发区发展新策略并不清晰，若贸然采取区域合并等硬性措施恐难平衡各板块间的发展愿景。

（二）路径设计

对三大板块间基本情况的梳理为整个物流金融功能区提供了如下信息：第一，区位上相近但不毗邻，并且从板块属性来看存在一定的协调难度，当前的发展形势扑朔迷离，不宜实行区域合并或区域代管；第二，从产业发展的角度出发，当前对于三个开发区的整合可谓势在必行，但由于当前发展的不确定性，不宜贸然采取区域合并或区域联盟等策略将整个区域以一种高度整合的措施捆绑在一起；第三，根据各开发区的板块属性及现状分析，现阶段可先采取一些较为灵活且易于实施的行政策略加以调和，以一种相对温和的方式推进整个区域的融合发展，例如制定区域发展规划或实行区域领导交叉任职等。

据此，大西安物流金融功能区应确立以"区域规划+区域领导交叉任职"为主的管理方式。一方面，这有助于各开发区确立共同的发展目标，制定有效的区域规划；另一方面，配合区域领导交叉任职等方式可以更为灵活地适应开发区的发展，相关负责人能够利用任职的变动及时灵活地调整各开发区间的关系，加强开发区的合作与共融。

四 大西安文化旅游功能区的融合发展

（一）基本分析

（1）从地理区位看，由于旅游业的特殊性，除部分位于城市主城区的旅游区之外，其他文化遗址或生态保护区多位于主城区外缘。因此文化旅游功能区各板块之间在地理区位上相对分散，区域合并或区域联盟等管理策略并不太适宜。

（2）从板块属性看，可将六大板块整体按照板块性质及功能分为两大类：一类是以文化保护为主导的开发区，如秦岭生态保护区和汉长安城遗址区；另一类是以"文化保护+旅游开发"为双重发展导向的其余四大开发区域。因此在本书以产业融合发展为根本目的对其进行区域行政管理规划与再设计时，主要针对第二类开发区进行。

（3）从产业发展状况分析，属文化旅游功能区的六大板块由于在起步阶段、管理团队、创新意识、综合竞争力等多方面均存在差异，成长性不均衡的问题较为突出。其中，曲江新区的发展显得尤为突出，已形成独特"曲江模式"。因此在整个文化旅游功能区发展中，已然形成了"一极多点"的区域格局。要想有效对其进行整合，还需进一步加强曲江"一极"的带动作用，充分利用市场的力量对整个区域重新进行调整与布局。

（二）路径设计

根据上述条件梳理与分析，对于文化旅游功能区的管理路径选择应考虑以下条件：第一，各板块地理区位差异较大，不具有区域合并或区域联盟的客观优势；第二，就板块功能而言，主要强调"文化保护+旅游开发"并举的开发区融合问题，对于以文化保护为主的区域发展暂且不议，在此不涉及以区域行政促进产业融合发展的问题；第三，就产业发展现状来看，区域整体呈现"一极多点"的发展布局，板块间存在诸多方面的发展差距，曲江新区的示范性特征尤为凸显。如何依据曲江新区的发展经验及优势，更好地利用市场发展条件促进整体旅游文化区域发展，是进行路径设计的重中之重。

根据以上梳理，大西安文化旅游功能区可以考虑确立"区域领导交叉任职/区域代管"为辅的管理方式，并以市场的力量为主导推动整个区域进行最优整合与发展。由于当前西安曲江文化产业投资集团的专业管理能力及有效的产业规划，已形成了较为完备的文化旅游产业发展态势，再加上文化旅游产业对于市场发展的特殊依赖性，以市场的力量逐步修复与整合区域间的协调发展应更为有效。

市场的力量不断推动着整个大西安文化旅游产业链的发展，区域间的平衡也会在市场调节作用下不断完善，在此基础之上，区域行政的调节作用可谓让位为辅了。因此，在区域行政调节的作用下，可以设计采取一些非强制性的整合措施例如区域领导交叉任职等便于及时调整的策略加以辅助，据此也可同时发挥曲江的引领带动作用，形成自由且相互融合的发展环境。

五　大西安现代服务功能区的融合发展

（一）基本分析

（1）从地理区位看，现代服务功能区多位于西安三环以内，整体比较集中。

（2）从板块属性看，多数板块位于西安主城区，但属不同行政区，因此要想实现整体统合存在一定难度。

（3）从产业发展状况分析，现代服务功能区主宰着整个区域商务办公、商业商贸、科技研发、文化旅游、都市居住等多重职能且多位于主城区。正如《大西安2049空间发展战略规划》研究所提出的，"以西安中心城区、咸阳主城区和西咸新区组成的大西安都市区，是大西安城市发展的核心区域，应发挥其高端要素聚集能力、创业创新引领能力、宜居宜业承载能力，增强其综合实力，从而加快推进大西安经济转型升级和城乡区域的协调发展"。[①] 因此，当前大西安现代服务功能区亟须解决的困境是如何促进产业发展间的差异与协同，更好地适应整个大西安都市区的聚力发展。

---

① 《提前曝光！2049年，大西安都市区约2400平方公里，成为世界城市文化之都！》，搜狐网，2017年7月29日，https://www.sohu.com/a/160739564_99967073。

(二) 路径设计

由于现代服务功能区与其他功能区相比在区位发展与产业功能等方面具有特殊性（交错融合于现有不同行政区划之间，且在功能上承载着城市核心区的发展），因此区域合并、区域代管、制定区域协议等方式对其并不适用，应以市场选择为主导，逐步推进整个现代服务各板块间的协同发展。与此同时，还应强调各板块发展间的差异化，在协同发展的基础之上突出各板块的发展特色，更好地适应整个区域的综合性、复杂性与差异性。

第四节 大西安城市经济功能区板块融合发展的治理体系构建

一 体现城市区域整体利益的规划体系构建

当前大西安城市板块融合发展的瓶颈之一，是区域整体规划体系的不完善，整个大西安区域尚未形成一个明确的体系。为了大西安城市区域实现最终的融合发展，政府在进行产业规划或产业布局时，应当首先明确城市经济功能区的概念，将其作为城市产业布局规划的主体单元。在城市经济功能区基础之上使各城市板块明确发展规划，确立发展定位与目标，打破当前分散式发展现状，使其在整体规划体系中明确自身定位，形成合力，共同推进区域整体的融合发展。

二 政府主导下的功能区管理体系构建

针对大西安各城市板块之间的协调发展，政府应当确立以"7+5"重点城市板块为基础的功能区规划协调机构。该机构的主要作用，在于促进各城市板块之间的交流互动，处理各板块间的问题与矛盾，以政府主导的方式将大西安区域内的城市板块联系在一起。当前省、市政府内并无针对城市板块协调发展的特定机构，而城市板块紧密内嵌于整个区域的经济社会发展，因此设立专门的功能区管理机构将促进板块间的协调与合作。

三 政府引导下的功能区产业联盟构建

影响各城市板块发展的关键是板块内部的龙头企业,而企业间的互动交流对促进城市板块间的融合发展也将起到基础性作用。但就目前区域发展现状而言,大西安各城市板块内的龙头企业间还没有形成一个保证其定期交流的组织架构,也缺乏必要的沟通机制。所以政府应积极引导各企业形成大西安功能区的产业联盟,在加强彼此相互了解与信任的基础上,共同推进大西安区域的融合发展。

第八章
大西安城市经济功能区格局下的产业耦合发展：以三星项目为例

第一节 三星项目及其进展情况

一 三星项目概况

2013年4月10日，韩国三星电子分别与陕西省政府和西安市政府、西安高新区管委会签署战略合作框架协议及谅解备忘录，宣布电子信息行业最大的外商投资项目——韩国三星电子一期投资70亿美元的存储芯片项目正式落户西安高新区。这是韩国三星电子继1996年进入美国奥斯汀之后第二次在海外建立半导体生产工厂，是三星电子海外投资历史上投资规模最大的项目，也是中国改革开放以来国内电子信息行业最大外商投资项目，是陕西乃至西部地区引进的最大外商投资高新技术项目。

为了配合西安三星项目，西安高新区专门规划建设了西安三星城。该规划项目位于西安市西南郊、西安高新区范围内，北临铁路南环线，东临西安电子科技大学。规划用地总面积为9.4平方千米。其中，综合保税区占地4.32平方千米，配套服务区占地约5.08平方千米。三星城分为科研商贸交流区、休闲商业区、商务中心区、特色商贸区、新兴技术产业区、行政区、中央公园、文化活动中心、生态社区和综合保税区十大功能分区。其中综合保税区分为通关服务中心、口岸作业组团、保税物流组团、保税展示组团、保税仓储组团、出口加工组团、三星基地组团和综合发展组团八大功能组团。用地构成分为公共管理与公共服务设施用地、商业服务业设施用地、工业用地、仓储用地、交通设施用地、市政公用设施用地和绿地。西安高新区综合保税区将在规划区中心设置中央公园。规划环状绿地主要结合货运交通干道、保税展示组团等重点地区设置。

三星西安半导体工厂的正式投产，对提高西安高新区的国际影响力，加快西安国际化大都市建设进度，加快陕西对外开放和国际合作步伐，都有着积极、重要、深远的影响。从产业发展方面的深远影响来看，将引领高新区电子信息产业集群化发展，使西安成为具有较强竞争力的电子信息产业基地，进一步完善西安半导体产业链，并将促进陕西转变经济增长方式、调整产业结构等，利于陕西电子信息产业做大做强，推动陕西战略性新兴产业发展壮大，形成区域性电子信息产业集群，对整个关天经济区产业结构调整、转型升级，以及丝绸之路经济带建设意义重大。

三星电子半导体研发生产项目选址西安，恰合其时、恰合其地，将进一步完善西安新一代信息技术产业链，有助于形成西安电子信息产业的规模化、高端化和差异化特色，也将为三星后期的建设提供可持续的人才储备。

二 三星项目进展情况

（一）自有项目进展

1. 三星12英寸闪存芯片项目

总投资70亿美元，新建厂房及配套设施37.74万平方米，购置工艺设备、仪器1732台（套），建设1条12英寸10－X纳米级（10～20纳米）的闪存芯片生产线，建设期为16个月。建成达产后，形成月产7万片12英寸硅片的生产能力，预计可实现年销售收入600多亿元人民币。

2. 10-X 纳米级 NAND 闪存芯片封装测试及 SSD 组装生产线

该项目的建成达产，使西安高新区具备了半导体芯片从研发生产到封装测试的完整产业链。已落户的陕西电子信息集团半导体工业园项目将投产建成包括 200MW、500MW、300MW 的太阳能电池组件生产线，LED 芯片及应用生产线以及功率器件 6 寸生产线。另外，研发类半导体项目如艾默生研发中心、中晶广场暨 SoC 芯片及移动宽带互联增值业务的研发生产基地等都已落户高新区。

3. 汽车动力电池项目

该项目由三星 SDI 公司与安庆环新集团、西安高科集团合作建设，总投资 6 亿美元，其中一期 2.99 亿美元，2015 年 10 月建成后设计产能为年生产 360 万枚电池芯，2020 年前二期规划完成后最终年生产能力将达 3120 万枚电池芯。对于陕西在现有良好基础上进一步完善产业链条，尽快将新能源汽车产业打造成支柱产业，加快构建独具特色的现代产业体系具有重要意义，也必将促进三星和环新公司优化生产布局，实现自身跨越发展。

4. 西安三星数据研发中心

西安三星数据研发中心项目由三星数据系统（中国）有限公司投资成立，注册资金为 500 万美元，主要为集团总部及海外市场提供全球外包业务，以及为三星半导体西安项目提供 IT 解决方案，计划研发人员达到 1000 人，将成为该公司仅次于北京的全球开发中心。

5. 三星电子研发中心

西安三星电子研发中心项目由三星（中国）投资股份有限公司投资设立，注册资金为 600 万美元，从事手机终端、智能 DTV、半导体等高端研发业务，计划研发人员达到 600 人。

（二）外资企业及进驻三星城的配套项目进展

1. 圆益西安半导体材料及设备供应建设项目

项目位于西安高新区三星城园区，总投资 7600 万元，规划占地

16160平方米，建设半导体制程用特种气体存储库房、半导体生产设备元器件清洗厂房以及附属配套设施。项目总建筑面积达9219.00平方米，计划建设清洗生产车间1个、门卫设施1个、甲类仓库2个、乙类仓库1个、戊类仓库1个，建筑物占地面积达5661.00平方米，绿地率达11.98%，容积率达0.66，建筑密度达35.04%。

2. 东进世美肯（西安）半导体材料有限公司东进世美肯（西安）半导体材料项目一期工程

项目一期工程主要为三星芯片项目提供半导体，主要生产稀释剂SMDT-750和稀释剂SAT-4010。

3. 奥瑟亚高纯气体存储建设项目

项目位于西安高新区三星城园区，总投资2382万元，规划占地约10013平方米，建设半导体用高纯气体仓库以及附属配套设施。项目总建筑面积达877平方米，计划建设甲类品库、乙类品库、消防水池、消防废水池、办公室等各一个，建筑物占地面积达3145.5平方米，绿地率达12.0%，容积率达0.6，建筑密度达31.42%。

4. 秀博瑞殷三星半导体配套工程建设项目

项目位于西安高新区三星城园区，总投资8592万元，规划占地约13986平方米，建设半导体制程用化学品厂房以及附属配套设施。项目总建筑面积达6979.07平方米，计划建设生产车间、仓库、门卫设施等各一个，建筑物占地面积达5224.75平方米，绿地率达13.2%，容积率达0.6，建筑密度达37.35%，预计地上停车位14个。

5. 住化电子材料科技（西安）有限公司半导体精细化学品精制工程项目

项目一期建设（总投资约12000万美元，折合人民币约76440万元）主要生产半导体用的超高纯度化学品，包括过氧化氢、硫酸、氨水和异丙醇。

6. 韩松电子材料（西安）有限公司（HP-4）过氧化氢项目

项目年产3万吨过氧化氢，总投资约6000万美元，折合人民币约 37383 万元。

7. 摩西湖（西安）化学工业有限公司四甲基氢氧化铵工程

项目年产 5700 吨四甲基氢氧化铵，总投资约 400 万美元（折合人民币约 2600 万元），主要生产四甲基氢氧化铵水溶液、硫酸铜电镀液、电镀用有机添加剂水溶液及氢氧化钠水溶液等化学试剂。

8. 空气化工产品（西安）有限公司三星大宗气体和压缩干燥空气项目

项目总投资 6 亿元，建设高纯电子气体生产厂区，是三星存储芯片项目的超高纯电子级气体基础设施配套项目，主要建设内容有生产厂房、空分生产装置、氢气生产装置等。项目建成后为三星闪存芯片项目配套供应高纯及超高纯氮气、氧气、氩气、氦气、氢气和洁净干燥空气等。

9. 艾微美半导体用化学品存储项目

项目位于西安高新区三星城园区，总投资约 300 万美元，规划占地 3140 平方米，建设半导体用化学品存储仓库以及附属配套设施。项目总建筑面积约 1200 平方米，计划建设甲类、丙类仓库等。

10. 关东电化工业株式会社艾洛特真空技术（西安）有限公司项目

项目拟征地约 3192 平方米，总建筑面积达 1809.07 平方米，主要建设配套件库区、待修产品库区、拆解和清洗作业区、机械室、装配区、产品测试区、成品库、办公区等。项目总投资 1348.87 万元，其中环保投资 48 万元。

此外还有三星工程建设（上海）有限公司、全球国际货运代理（中国）有限公司西安分公司、三星爱商（天津）国际物流有限公司、埃地沃兹贸易（上海）有限公司、西安荏原精密机械有限公司、西诺斯（西安）洁净技术有限公司、科地克（上海）贸易有限公司进驻三星城。

（三）三星项目二期开工建设

2017 年 8 月 30 日下午，陕西省政府与三星电子高端存储芯片二期项目投资签约仪式在西安举行。时任省委书记娄勤俭出席签约仪式，时任省长胡和平、时任省委常委和西安市委书记王永康、三星电子半导体总负责人金奇南分别致辞。

娄勤俭说，近年来陕西紧紧抓住"一带一路"倡议等机遇，充分发挥能源资源富集、科技实力雄厚等优势，推动经济在持续快速增长的同时不断优化结构、完善基础设施，全省发展保持了良好势头，我们将持续优化发展环境，进一步加强配套设施建设，全力以赴与三星电子搞好项目合作。陕西省政府、西安市政府负责人分别与三星电子签署合作框架协议，西安高新区与三星电子签署有关谅解备忘录。根据协议，三星电子将在高端存储芯片一期项目总投资100亿美元的基础上，在西安高新区再次投资70亿美元建设二期项目，以应对全球 IT 市场的快速发展和高端闪存芯片日益扩大的需求。

以三星项目二期开工为标志，一个超千亿元规模的半导体产业集群正在西安加快形成。未来，陕西省将以半导体和集成电路产业为引领，打造具有世界竞争力的电子信息产业基地。

第二节　城市板块（西安高新区）内的产业耦合

一　三星项目与就业人口集聚

除了项目本身所带来的资金投入之外，它首先带来的就是人口集聚的耦合效应。三星项目的建设和发展，需要大量的熟练工人，这为城市提供了大量的就业岗位，并带动整个高新区从业人员的增加。城市空间范围内，这种人口聚集和扩散的运动过程在宏观上表现出一种有序现象，推动了城市内空间板块的形成，并随着城市发展、城市功能、聚集形式、聚集主体外部关系发生变化，相应引起城市板块的演变，这种人口与城市板块变化过程中的相互作用，就形成了板块的空间形态（王琦，2008）。

二 三星项目与配套企业耦合

三星项目的落地带来了上百家的配套企业,如西安市政府多年招商美国空气化工无果,三星项目落地后美国空气化工立即落户,并且吸引了西诺斯、艾维美、摩西湖、GE通用电气、爱默生、美国高通、英飞凌等160多家配套企业。三星物产、三星工程、三星SDI、SSS汽车动力电池等大型项目也都随三星项目的落地到来。作为西安仅次于三星的第二大外资企业,全球最大的半导体生产商之一美光科技也进行了第四次增容扩资。这些特色化的产业集群通过产业链的延伸推动空间与资源的集聚和市场化配置,形成部分同行业甚至跨行业的融合发展,提高产业集群的竞争力,并影响城市的空间组织。

三 三星项目与电子信息产业的空间联动耦合

空间联动在传统优势产业与新兴产业耦合的发展初期和中后期发挥主要作用,强调两类产业在分工和布局两方面的双向联动,表现为新旧两大产业在空间维度上的产业集聚。随着产业间耦合水平的不断提高,耦合系统也逐渐趋于均衡,传统电子信息产业经过转型改造迸发出新的活力,三星产业的发展也渐渐步入正轨,此时传统的电子信息产业会从新兴的三星产业的强盛发展中得到反哺。传统电子信息产业要么通过技术、知识的外溢与扩散带动其自身的改造升级,要么通过创造、激化要素市场上的供需矛盾倒逼自身产业进行改革。产业间的空间联动不光为产业间的集聚提供了更佳的配套服务系统,还进一步拓展了产业链的空间延伸空间,从而加速了三星产业与电子信息产业的耦合。彼此影响推进了二者的共生发展,这也是未来三星产业与传统电子信息产业耦合的内在驱动力。

在信息技术发展过程中,城市逐步成为巨量信息的复合体。因此,多功能、高质量的协调合作需求呈现将城市各种功能在城市板块间重新融合的趋势。其促进了城市电子信息产业的进一步发展和繁荣，城市功能更加强大，因此必然推动城市信息板块形态的出现。另外，在新技术推动下，技术的领先使区域外部选择得到了放松，同时由技术创新所带来的成本节约使企业在城市土地竞争中保持优势，新产业功能迫使原有技术落后的企业外迁，促进了新产业对老产业的区域替代，推动了城市新型经济板块的形成。

第三节 城市经济功能区（高新技术功能区）内的产业耦合

一 三星项目与功能区规模经济的耦合

产业集群会产生强大的规模经济效应。规模经济包括外部规模经济和内在规模经济。不同产业连接在一起，形成更大范围的经济体系，其整体功能远远大于单一企业的简单加总。

三星项目和西安高新区板块的耦合，推动了市场规模和辐射半径扩大，导致二者的辐射范围拓展。当以三星项目带动的电子信息产业集群在西安高新区板块上集聚时，它的投入流量和产出流量就会创造出诱人的商机，带动价值链中相关环节的发展，从而孕育出产品市场、劳动力市场、资本市场、信息市场和相关基础设施的建设，推动板块在功能区范围的扩张，使内在规模经济更加趋于合理，形成对信息、人才、资本、物质要素、技术等社会资源的吸纳和高效利用。功能区中的其他企业可以更便捷、更廉价地运用这些社会资源，从而降低彼此的运营成本、提高运营效率，在相对有限的地域中创造更大的经济产出。

功能区的发展壮大为企业提供了更加优越的发展环境，并吸引更多企业到功能区布局。这样一来，三星项目和高新技术功能区二者都在经济规模扩大的同时获得了更大的利益，加速了产业与城市的耦合。

二 三星项目与功能区产业网络的耦合

耦合系统中,各个要素传导的完成依靠的是产业间形成的网络系统,其在新旧两大产业融合的萌芽期和发展的作用尤为突出。与三星项目同类型的电子信息产业在高新技术功能区的集聚,将极大增强各企业对本地资源的整合能力,提高资源利用效率。集群内的生产要素可以自由流动,市场机制作为配置资源的手段,在功能区内的城市板块间有效配置资源。资源配置效率的提高,带来产出的增加和城市经济的发展,从而吸引更多信息和要素聚集。通过对资源利益关系的调整,形成新的经济组织结构和空间形态,从而使各资源要素的空间关系转化为协调的时间关系和功能关系,产生在整合前无法实现的发展效果(王梦珂等,2015)。

功能区内传统的各类型优势产业与三星产业经过技术、人才、市场、资金等网络形成了复杂的耦合网络系统。网络系统作为平台,允许产业间的信息、人才、技术等要素顺利无阻地实现流动与互换,由此达到资源的优化配置与产业的合理布局,同时构建了传统优势产业与三星产业间互动的基本渠道,从而强化了两类产业的关联性,也促进了两类子系统间的耦合。

三 三星项目与功能区区位品牌的耦合

当产业集群形成后,其所在的城市区域借助该产业所创造的信息产品不断走向世界,形成世界性的区位品牌。一旦品牌形成之后,便能形成具有城市区域特色的营销优势,使其具有广泛而持续的品牌效应,进而使集群内全部企业都受益于这种效应(包括新进驻的企业)。这不仅有利于企业的对外交往、开拓国内外市场,也有利于整个区域形象的提升,为未来的发展创造有利条件。与此同时,区位品牌还能够推进城市功能区的快速健康发展,帮助领导层在政策、计划、组织机构、基础设施投资、教育、住房、服务以及其他与市场联系紧密的事务等方面进行正确抉择，从而推动地方发展。

第四节 大西安城市区域内的产业耦合

一 三星项目与大西安城市区域的产业耦合

首先，随着大西安与外界的经济活动联系日益紧密，三星项目被吸引到大西安城市内部，并呈现产业集群形态；其次，产业分工随着产业集群程度的提升而不断深入，形成了规模经济和外部经济，带动大西安城市基础设施和配套服务需求增加，城市规模也随之扩大，进而吸引新的产业（集群）进入相关板块，形成城市核心；再次，城市核心的扩散效应和辐射效应显现，周围的城市区域被带动发展起来，进而吸引更多产业集聚到大西安都市圈中，形成紧密的产业协作网络；最后，由于大西安城市区域内的产业结构专业化增强，产业集群和城市的关联度提高，产业集群与城市集聚效益相互催化，形成产业集群与相关城市板块的动态耦合系统（李电生、宫田辉，2010）。从实践的发展过程看，二者的耦合作用主要表现在：一是产业集群通过企业数的增长、分工体系的发展与优化、集群空间的扩张对城市板块空间扩张产生影响；二是城市板块通过资源与区位的特点、结构的变化、政策与环境的改变等，既为产业集群的形成与发展提供条件和空间载体，也对产业集群的形成、发展产生约束（陈雁云，2011）。

二 进一步的讨论：产业集群与城市板块的耦合

产业集群与城市板块耦合系统的目标，是寻求一种机制或策略使两者的发展相互促进与协调。产业迁入速率决定了第二或第三产业从业人员占比增加速度，城市产业集聚速率决定了城市人口密度增加速度（如图8-1所示），那么产业迁入速率和城市集聚速率的正向相互作用导致了产业集聚与城市集聚的互相促进（陈雁云、朱丽萌、习明明，2016）。产业集群与城市板块耦合发展过程中，城市化、工业化、经济一体化给其带来很大的压力。由于产业集群已成为经济发展的重要内容，也是全球经济发展的重要支撑，是实现工业化的核心，因此产业集群与城市板块协同发展已经成为世界经济发展的重要方式。世界经济全球化要求二者协同发展以加速工业化和城市化的步伐。

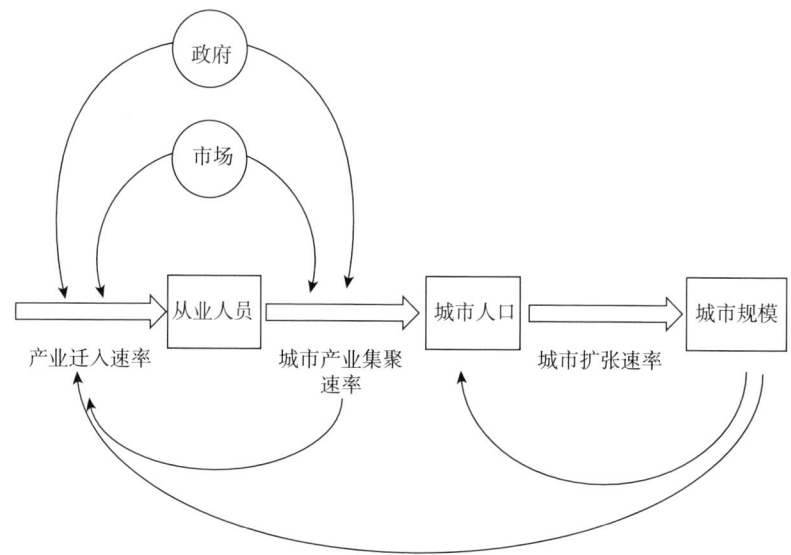

图8-1 产业集群—城市板块耦合因果示意

近年来，西安高新区在建设的过程中注重产业布局的优化，促进城市与产业的共同升级发展，已经从"产城割裂"走向"产城融合"，因此大西安和特定产业的耦合效应对区域经济增长的促进作用也将逐渐显现出来。

第九章
大西安产业项目招商模式优化的政策仿真研究

前已述及：在大西安城市板块产业耦合发展的实现过程中，基于功能区的产业项目布局管理十分重要，而要落实这一步骤，就必须考虑相关产业项目在板块之间流转所需要的利益补偿。换句话说，大西安城市板块原有的招商模式需要有所转变，即从"谁招，谁得"转变为在功能区框架下的"谁适合，谁得"，与此同时，得到项目的板块要对最初的招商板块予以利益补偿，以求得项目利益的整体均衡。按照这一思路，如何"补偿"实际上成为大西安城市板块产业耦合发展的关键环节，需要进行详细的政策论证。显然，开展这样的政策论证并不具备现实操作性。因此，通过政策模拟进行政策试验成为可操作的选项。

第一节 政策仿真的重要基础

一 招商模式为何变

简而言之：

"老办法"分割产业空间、分散产业资源，阻碍产业集聚；

"新办法"打通产业空间、统筹产业资源，促进产业集聚。

二 招商模式如何变

有四个重要设计：

以"招商项目—落地板块"匹配度为关键考量；

以老办法抑制而新办法实现"乘数效应"为重要前提；

以招商项目的经济产出补偿特定板块为利益纽带；

以各板块及城市整体的地均经济产出为观察指标。

综上，为验证"优化产业项目招商模式有利于城市整体利益提升"的假设，本部分基于大西安城市板块产业发展及招商现状，借助多主体建模方法和 NetLogo 仿真平台，分别建立了"谁招商，谁受益"和"大招商，大受益"原则下的两种大西安产业项目招商模型，并开发了对应的仿真运行程序，借此来开展相应的政策试验研究。

第二节 研究对象与方法

一 参与建模的大西安城市板块

需要再次说明的是，提出大西安产业项目招商模式优化的研究问题，其本质还是在合理划分大西安城市经济功能区的前提下，实现产业项目在各功能区内的合理布局。考虑到相关数据的可得性、完整性以及城市板块的相对重要性，本书选取了大西安 24 个城市板块中具有代表性的 12 个作为研究对象，包括西安高新区、西安经开区、曲江新区、航空基地、航天基地、浐灞生态区、国际港务区，以及西咸新区的沣东新城、沣西新城、泾河新城、空港新城、秦汉新城。与此同时，基于建模便利的考虑，也结合 12 个板块的实际产业内容，对其所涉及的产业类型做简化处理，具体如下。

（1）高新技术产业，对应西安高新区、沣东新城、沣西新城。

（2）先进制造业，对应西安经开区、航空基地、航天基地、泾河新城。

（3）现代服务业，对应曲江新区、浐灞生态区、国际港务区、空港新城、秦汉新城。

二 多主体建模方法与 NetLogo 仿真平台

多主体建模源于基于主体建模（Agent-based Modeling），其凭借强大的复杂计算能力和良好的互动参与功能，成为城市系统建模研究的重要手段。该方法主要通过模拟多个类别以及数量规模较大的多主体在微观和局部上按照一定规则进行的交互行为，实现对整个系统运行和演化的相应模拟及观察。目前应用较为广泛的多主体建模软件平台主要有两种：一种是提供类库的平台，"通过函数接口来调用类库中的封装函数"，如 Swarm、Repast 等；另一种是"直接提供完整的、可独立运行的开发平台"，安装后即可使用无须进行"二次开发"，如 NetLogo、StarLogo（刘润姣等，2016）。

本书选择使用的 NetLogo 平台，可提供一种用于对自然和社会现象进行仿真的可编程建模环境，适合对随时间演化的复杂系统进行建模，建模者可以对成千上万个主体发出指令，实现"情景再现"。与其他多主体建模工具相比，NetLogo 平台拥有独特优势，可以采用命令性方式或通过可视化控件修改模型中的全局变量，参数的实时调控以及随机因素的引用也使其具有更强的描述和表达能力。

三 产业集聚乘数效应的算法

本部分研究的一个重要理论前提是，大西安城市板块产业招商的旧模式（"谁招，谁得"）因为分割产业空间、分散产业资源，阻碍了产业集聚，而新模式（"谁适合，谁得"）则因为打通产业空间、统筹产业资源，会促进产业集聚的实现。从而，利用更大范围产业集聚形成的乘数效应所带来的招商项目额外经济产出，使针对项目流转进行利益补偿成为可能。由此带来的问题是，新的招商模式是一个

"决定论"意义上的模型，其总体经济产出注定优于旧的招商模式。但后续的仿真运行及分析则显示，在新的招商模式下，对应项目流转的利益补偿比例存在一个最佳区间，只有在这个区间内，大西安及各城市板块的经济产出才会实现较为健康的同步增长。基于此，本部分的仿真研究仍具有特定的理论意义。

产业集聚乘数效应的确定，主要依据文献（李立华，2007）中的输出乘数理论，该理论认为：一个区域的经济增长取决于其输出产业的增长，当增加区域输出基础即区域所生产的可供输出的商品总和时，将启动一个乘数过程，乘数值为区域输出产业与非输出产业的收入或就业量之比，其中可供输出的商品主要指第二、第三产业生产的输出品，而为输出产业提供服务和配套协作的产业、产品在区域内销售的产业，或是为区域内生产、生活服务的产业，成为区域非输出基础，在区域同时存在输出和非输出基础的情况下，区域内收入的形成取决于输出规模或输出收入。

依据该理论，可以将拟仿真的对应前述大西安三类产业的产业集聚乘数效应替换成这些产业的输出乘数，即把产业集聚乘数效应这一不宜观察和度量的过程性指标，由产业输出乘数这一可观察及度量的结果性指标来替代，从而使仿真可行。进一步分析西安市的国内生产总值构成及经济外向程度，发现其国内生产总值主要构成为第二、第三产业产值，且经济外向性较高，加之仿真研究主要涉及高新技术产业、先进制造业、服务业三种"输出型"产业，因此整体上能够适用输出乘数理论。要特别指出的是，本书产业集聚乘数效应的最终确定，包含了两个"乘数"：一是参考文献（李立华，2007）中产业输出乘数的算法并把相应结果作为"乘数"之一；二是着眼于具体项目的招商过程，把项目对各相关板块的相对匹配程度也作为"乘数"之一，从而更加细致、完整地反映产业集聚的乘数效应，并把其命名为"匹配度乘数效应"。

综上，本部分针对大西安这一典型的板块驱动型城市，利用多主体建模方法和 NetLogo 仿真平台，结合大西安主要城市板块的现实数据，通过建立"谁招商，谁受益"和"大招商，大受益"模式下的两种产业招商模型及其仿真运行程序，来探究不同招商机制及规则对城市板块和城市整体经济产出的影响，进而得到板块驱动型城市产业招商模式优化的可行路径。

第三节　模型设计

一　模型设计整体思路

按照上述的不同招商原则，将建立两种产业招商模型。

模型一对应"谁招商，谁受益"原则，用于模拟对应条件下大西安及相关城市板块的招商产出演化。

模型二对应"大招商，大受益"原则，用于模拟产业集聚、区域协调发展条件下大西安及相关城市板块的招商产出演化，并通过与模型一的对比来验证本书提出的利益协调机制的有效性。

与模型一相比，模型二的设计更为复杂。在前者中，招商成功的准则是项目的产业类型与板块的产业定位匹配，是随机的一次性匹配；而在后者中，特定产业类型的项目会在相关产业定位的板块中多次招商，并通过"匹配度"比较选择落户板块，实现决策优化。此外，在模型二中还设计了对应产业集聚的乘数效应、板块间对应项目流转的补偿机制等重要环节。图9-1给出了综合模型一和模型二的总体建模思路，该思路也是模型仿真运行的基本流程。

二　基础参数设置

本部分的仿真建模工作，主要利用了 NetLogo 平台的"patch"和"turtle"两类对象，其中："patch"代表城市板块主体，不同板块以不同颜色区分，形状都设置为"方块"；"turtle"代表项目主体，初始设置为100个，颜色为黑色，形状设置为"三角形"。

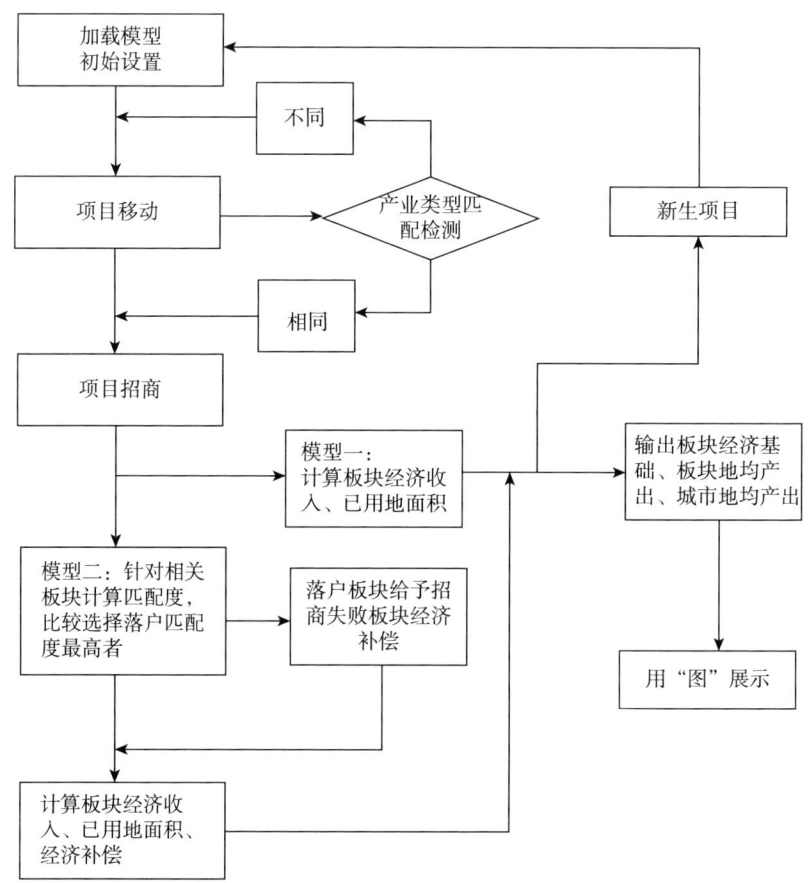

图 9-1 模型仿真运行的基本流程

考虑到模型的实际运行效率，本书将 12 个板块都做了离散化处理，且每个板块离散化处理后所显示的"方块"数量相同（这并不影响各板块地域面积的相关计算），整体呈现 12 种颜色的"方块"在仿真区域内的随机分布；在模型的初始状态，项目也是随机分布在各板块周围，待模型加载运行后，项目实施移动、匹配检测/匹配度计算、板块落户等行为。

三 "城市板块"建模

在模型中，城市板块（简称"板块"）是一类重要主体。简化起见，本书认为各板块均为同质化区域（因此可做离散化处理），属性主要包括产业定位、经济基础、地域面积等。

（一）板块的序数（*typ*）、产业定位（*tyofp*）与颜色（*pcolor*）

本部分建模依托了大西安的 12 个板块（即高新区、经开区、航空基地、航天基地、曲江新区、浐灞生态区、国际港务区、沣东新城、沣西新城、泾河新城、空港新城、秦汉新城），为此首先赋予板块以序数（*typ*）、产业定位（*tyofp*）、颜色（*pcolor*）的基本属性，其中板块序数按前述顺序依次编号为 0～11（*typ* 的赋值），板块产业定位按各板块实际情况从数字 0、1、2（*tyofp* 的赋值，分别代表现代服务业、高新技术产业、先进制造业）中选取，板块颜色（12 种）可以直接从系统中进行差异化选取。

（二）板块的经济基础（*fund*）

板块的经济基础反映其收入状况，各板块经济基础的初始值设置为其在 2016 年的一般公共预算收入。当有项目入驻板块后，其对应投资带来的经济收入计入板块的经济基础。

（三）板块的地域面积（*spaceleft*）

板块的地域面积表示当前其可承载项目的可用地面积，也就是各板块的建设用地面积（总规划面积减去非建设用地面积）乘以建设用地可用率①。各个板块的地域面积数据详见表 9-1。

（四）板块的服务能力（*abilityofserve*）

板块的服务能力代表各板块对项目的吸引力，与其经济基础、地

---

① 总规划面积包括建设用地面积和非建设用地面积（包括公园、广场等公共用地及历史文物保护用地等）两个部分，地域面积＝建设用地面积×土地可用率。土地可用率需结合大西安近 10 年城市土地使用情况及板块自身发展进行确定。根据《中国统计年鉴》2008～2016 年陕西省城市建设用地情况（数据附件 1），近似得到历年西安未建成区面积与城市总面积之比，整体看城市土地可用率约为 50%。同时，综合考量大西安各城市板块近几年由政府政策支持、区域发展规划、板块成立历史等原因引发的区域建设速率差异，板块的土地可用率也存在差异。本书以板块成立时间为依据，设置 2000 年之前板块建设土地可用率为 50%，2000～2010 年为 70%，2010 年以后为 80%，即成立时间越晚，板块建设土地可用率越高。

板块驱动型城市产业耦合

表 9-1 模型中 12 个城市板块的部分属性设置

单位：亿元，平方千米

	高新区	经开区	航空基地	航天基地	曲江新区	浐灞生态区
板块序数	0	1	2	3	4	5
产业定位	高新技术	先进制造	先进制造	先进制造	现代服务	现代服务
产业定位代码	1	2	2	2	0	0
板块颜色	green	blue	yellow	grey	red	lime
经济基础	222.45	59.87	3.01	6.53	40.93	16.57
总规划面积	307.00	144.00	110.00	86.65	51.50	129.00
地域面积	153.50	56.87	66.00	51.99	23.58	53.40
	国际港务区	沣东新城	沣西新城	泾河新城	空港新城	秦汉新城
板块序数	6	7	8	9	10	11
产业定准	现代服务	高新技术	高新技术	先进制造	现代服务	现代服务
产业类型代码	0	1	1	2	0	0
板块颜色	turquoise	violet	pink	sky	brown	magenta
经济基础	10.88	52.19	0.98	0.55	1.21	3.81
总规划面积	120.00	159.36	143.00	132.97	144.18	302.00
地域面积	53.94	90.91	94.08	102.20	72.44	130.90

资料来源：据各板块网站整理。

域面积密切相关，设计如下：

服务能力 =（板块经济基础/同类型板块经济基础之和）× （地域面积/同类型板块地域面积之和）

相应地，对应三种产业定位板块的模型算法分别为：

$$abilityofserve\ X = (fund\ X_i / \sum fund\ X_n) \times (spaceleft\ X_i / \sum spaceleft\ X_n)$$

$$abilityofserve\ Y = (fund\ Y_i / \sum fund\ Y_n) \times (spaceleft\ Y_i / \sum spaceleft\ Y_n)$$

$$abilityofserve\ Z = (fund\ Z_i / \sum fund\ Z_n) \times (spaceleft\ Z_i / \sum spaceleft\ Z_n)$$

其中，X 为现代服务业、Y 为高新技术产业、Z 为先进制造业，i 为板块序数，X_i、Y_i、Z_i 为板块 i 的相关属性值，X_n、Y_n、Z_n 为所有相同产业定位板块相应属性值的和。

四 "产业项目"建模

"产业项目"（简称"项目"）是整个模型中的另一类重要主体，主要属性包括产业类型、投资规模、匹配次数、占地面积等，其中匹配次数属于模型二中的项目属性。考虑到模型运行效率以及现实情况，对模型二中项目的招商次数设为3次，其中匹配度最高的板块将获得项目落户。

（一）产业类型（$tyoft$）

项目的产业类型有三种：现代服务业、高新技术产业、先进制造业，分别由数字0～2代表。各项目的产业类型随机生成，不做特别设定。

（二）投资额（$invest$）

投资额是项目投资规模的衡量，不同产业类型的项目投资额不同。模型中，设定现代服务业项目的投资额为0.2亿元/次，高新技术产业和先进制造业均为0.5亿元/次；此外，针对投资额还设定了0.1亿元的随机浮动值。

$$现代服务业: invest = 0.2 + (random\ 0.1)$$
$$高新技术产业和先进制造业: invest = 0.5 + (random\ 0.1)$$

（三）占地面积（$space$）

每个项目落户特定板块后，都会占用一定面积的可用土地，且同等投资额度条件下，不同产业类型项目的占地面积也存在差异。通过对陕西省发展和改革委员会官网2015～2017年项目用地面积与投资额的数据（数据附件2）进行回归分析，得到以下基本关系：

$$space_{(现代服务业)} = 0.129 \times invest + 0.192$$
$$space_{(高新技术产业)} = 0.199 \times invest + 0.108$$
$$space_{(先进制造业)} = 0.233 \times invest + 0.141$$

（四）土地释放

项目都具有一定的生存周期，新项目入驻的同时通常伴随旧项目的"退出",从而板块的地域面积会在仿真过程中动态随机增加,对此设定为:现代服务业随机释放<0.1平方千米的土地,高新技术产业和先进制造业随机释放<0.2平方千米的土地,具体关系为:

$$现代服务业:spaceleft_I = spaceleft_i + (random\ 100 \times 0.001)$$

$$高新技术产业和先进制造业:spaceleft_I = spaceleft_i + (random\ 100 \times 0.002)$$

其中,$spaceleft_I$为增加项目释放土地之后的地域面积,$spaceleft_i$为增加项目释放土地之前的地域面积,I、i为相同板块序数。

五 其他重要变量的建模

模型中的其他重要变量包括:时间、匹配度、板块经济收入、补偿率、地均产出等。在模型启动后,模型中的指针工具(tick)开始计时,初始时间为0,每运行一步增加一个时间单位。其他变量的算法和参数设置如下。

(一) 匹配度($matchindex_I$)

指特定项目与同产业定位板块之间的匹配程度,其算法为:

$$matchindex_I = key_1 \times (invest_I / fund_I) + key_2 \times abilityofserve_I - key_3 \times [fund_I / (space_I - spaceleft_I)]$$

其中,I为板块序数,key_1、key_2、key_3为相关系数,且$key_1 \in [0,1]$、$key_2 \in [1,2]$、$key_3 \in [0,0.5]$;$invest_I$为板块I接受的项目投资额,$fund_I$为板块I的经济基础;$abilityofserve_I$为板块I的服务能力;$space_I$为板块I的占地面积,$spaceleft_I$为板块I的地域面积。

(二) 产业集聚乘数($indexofPI$)

参照文献(李立华,2007)中的产业输出乘数计算,产业集聚乘数的算法确定为:

$$indexofPI = \frac{\sum_{n=2008}^{2016} \frac{GDP_{max(N)} - GDP_{min(N)}}{GDP_N - GDP_{(N-1)}}}{9} + 1$$

其中,$N = 2008,\cdots,2016$;$\max(N)$、$\min(N)$为GDP值的

最大年份和最小年份。进一步,利用《中国统计年鉴》中西安市 2007~2016 年的国内生产总值数据(数据附件 3),得到西安市的产业输出乘数约为 1.09,从而确定 $indexofPI$ 的取值为 1.09。

(三) 补偿率 ($index_K$)

模型一不存在补偿问题,模型二中因引入"项目流转补偿机制",所以项目落户板块会给予最初招商板块一定的经济补偿,补偿率 $index_K$ 取值范围设定为 [0, 0.5]。

(四) 板块经济收入 ($Fund$)

在模型一中,板块的经济收入与项目投资额、税率、投资成本有关[①]。由于区域财政收入主要源于税收收入,因此设定:

板块经济收入 = 投资额 × (税率 - 成本率),即:

$$Fund_I = invest \times (R - C)$$

其中,I 为板块序数,R 为项目税率,C 为项目投资成本率。从而板块的经济基础:

$$fund_I = fund_{(I-1)} + invest \times (R - C)$$

其中,$fund_{(I-1)}$ 为项目落户之前的板块经济基础。

在模型二中,板块的经济收入与项目投资额、税率、投资成本以及补偿率、匹配度乘数效应等有关[②]。相应设定项目落户的板块经济收入为:

落户板块经济收入 = 投资额 × (税率 - 成本率) × (1 - 补偿

[①] 三种产业税率分别为现代服务业 20%、高新技术产业 15%、先进制造业 25%,投资成本为投资额的 2%。

[②] 模型二中,由于项目参与招商的次数多于模型一,其投资成本设定为投资额的 4%。匹配度乘数效应是对产业集聚乘数的适当放大:一方面因为后者的估算数据偏低(只有 1.09,原因可能是用产业输出乘数替代产业集聚乘数,虽然在一定程度上反映了产业集聚效应的总体水平,但没有完全体现出单个项目匹配所带来的乘数效应,因此做出调整);另一方面也是为了提高针对补偿率的政策仿真灵敏度(以便清晰观察补偿率的相应区间),其在仿真中具体设定为 $indexofPI \times \dfrac{matchindex_{max}}{matchindex_{min}}$,其中 $matchindex_{max}$ 为项目参与的三次招商中的匹配度最大值,$matchindex_{min}$ 为匹配度最小值。

率）×匹配度乘数效应，即：

$$Fund_I = invest \times (R - C) \times (1 - index_K) \times indexofPI \times \frac{matchindex_{max}}{matchindex_{min}}$$

从而项目落户板块的经济基础为：

$$fund_I = fund_{(I-1)} + invest \times (R - C) \times (1 - index_K) \times indexofPI \times \frac{matchindex_{max}}{matchindex_{min}}$$

其中，$fund_{(I-1)}$为项目落户之前的板块经济基础。

相应地，被补偿板块的经济基础为：

被补偿板块经济基础 = 补偿前经济基础 + 补偿所得，即：

$$fund_I = fund_{I-1} + invest \times (R - C) \times index_K \times indexofPI \times \frac{matchindex_{max}}{matchindex_{min}}$$

（五）地均产出（*fundperarea*）

模型中的地均产出有两种：板块地均产出和城市地均产出。板块地均产出是衡量板块招商经济效益的一个重要指标，为单位面积的经济收益。城市地均产出建立在各个板块地均产出基础上，具体算法如下：

板块地均产出 = 板块经济收入/已用地面积

$$fundperarea_I = Fund_I / (space_I - spaceleft_I)$$

城市地均产出 = 板块总经济收入/板块总已用地面积

$$totalfundperarea = \sum Fund_I / (\sum space_I - \sum spaceleft_I)$$

第四节　模型运行及分析

一　模型中主要参数的调试与确定

由于模型二比模型一复杂、运行也较慢，而部分参数在两种模型中起到的作用相同，因此参数 key_1、key_2 主要通过模型一调试确定，参数 key_3、$index_K$、$indexofPI$ 只在模型二中发挥作用，则通过模型二调试确定。

按照本章给出的模型运行机制及具体模型刻画,通过多次调适可获得全部仿真参数的适当取值范围。在以下的仿真实验中,均设置: $key_1 = 0.33$,$key_2 = 1.72$,$key_3 = 0.25$,$index_K = 0.30$,$index of PI = 1.09$。

二 模型一、模型二的运行及比较

按上述参数设置,分别运行模型一和模型二,得到图9-2（a组图对应模型一、b组图对应模型二）。两相比较可以看到：在两个模型中,各板块的经济（招商）收入、地均产出以及城市整体的地均产出大体都经历了增长、稳定两个阶段,但模型二中各板块的经济收入增幅更大、地均产出增幅也较大；此外,在城市整体地均产出方面,模型一、模型二中其终值（对应板块招商饱和状态的稳定值）分别为1.27、2.14,差距明显。

结合仿真后台数据,图9-3进一步给出了各板块在模型一和模型二中的经济收入、地均产出终值及其比较情况,结果表明,尽管各板块在模型一、模型二中展示的数据趋势较为一致,但在模型二中的招商成效要优于模型一。

综上认为,模型二的运行结果优于模型一,总体上反映出在产业集聚导向下,城市板块招商的利益协调机制能够实现区域招商产出

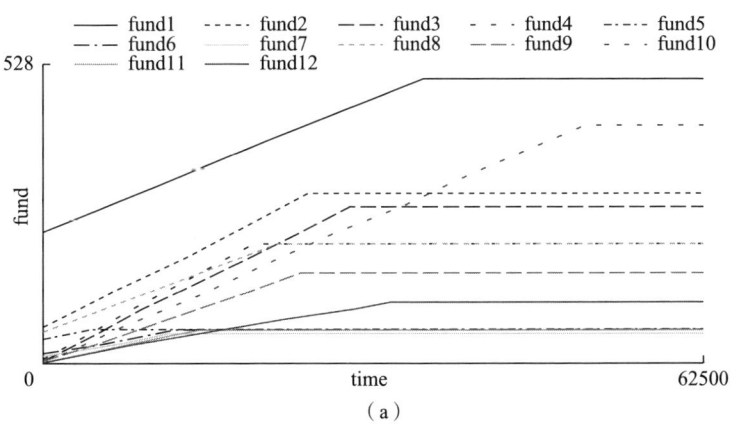

(a)

优化，与此同时，这一结果也初步实现了对仿真模型的校核与验证。

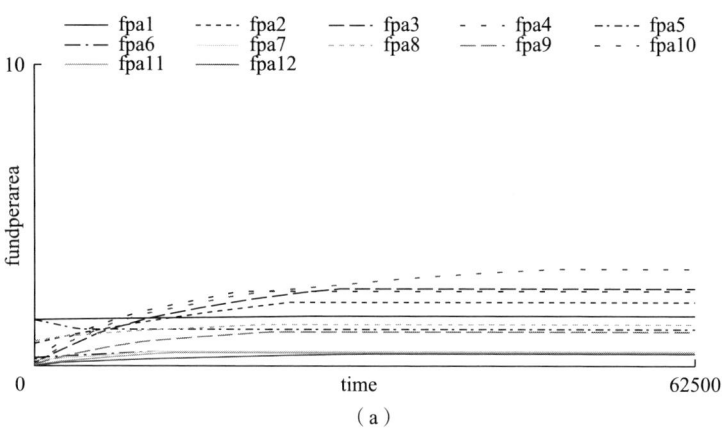

（a）

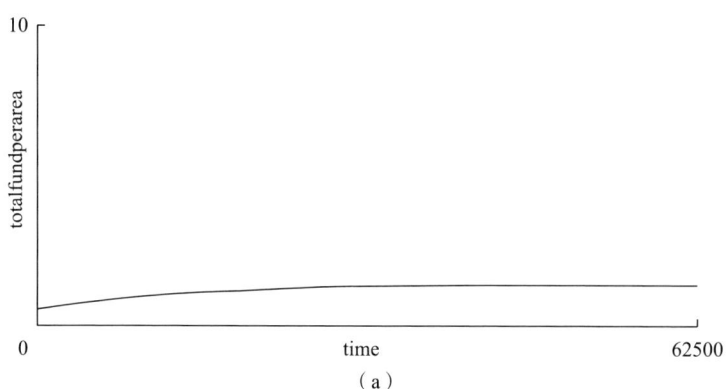

（a）

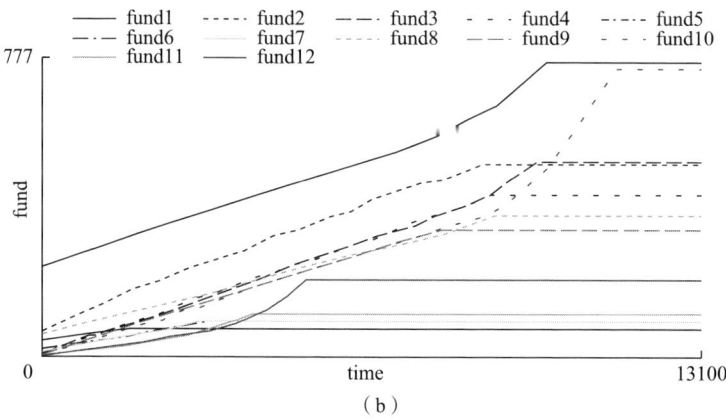

（b）

第九章 大西安产业项目招商模式优化的政策仿真研究

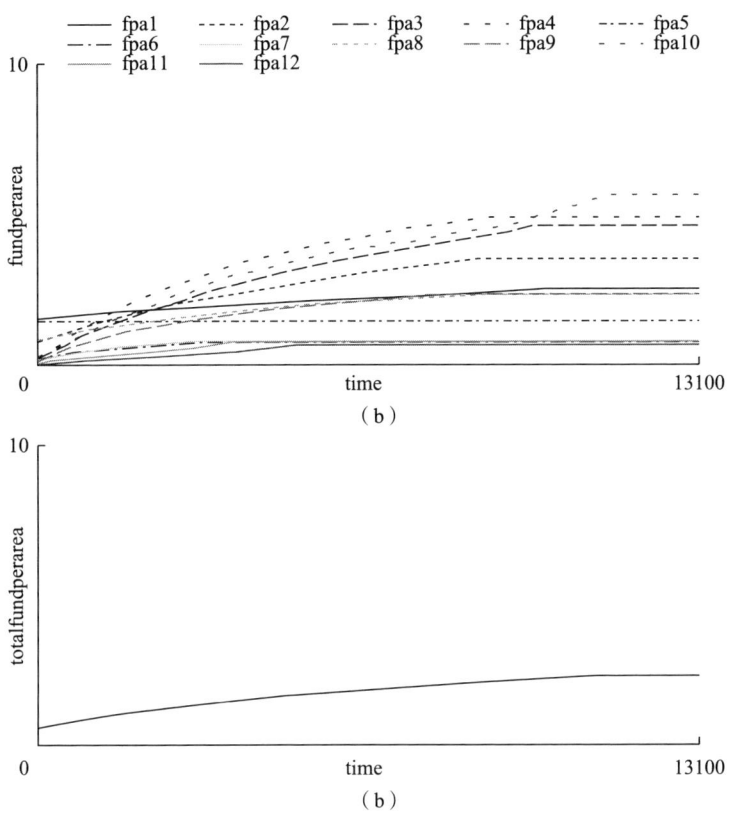

图 9-2 模型一与模型二运行结果比较

注：$key_1 = 0.33$，$key_2 = 1.72$，$key_3 = 0.25$，$index_K = 0.30$，$indexofPI = 1.09$。

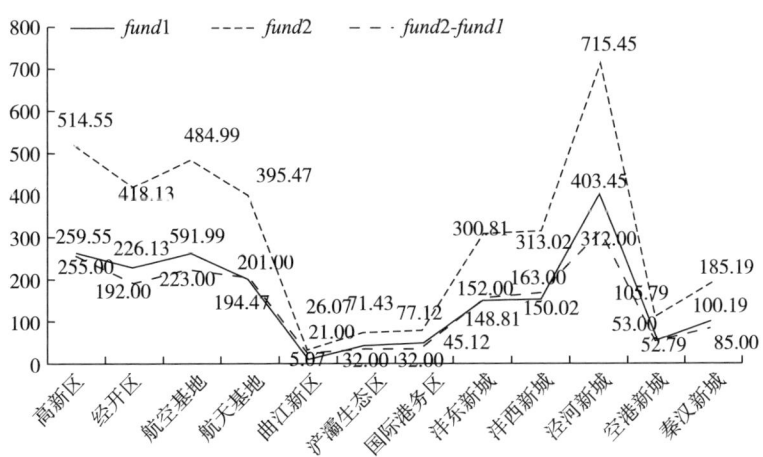

131

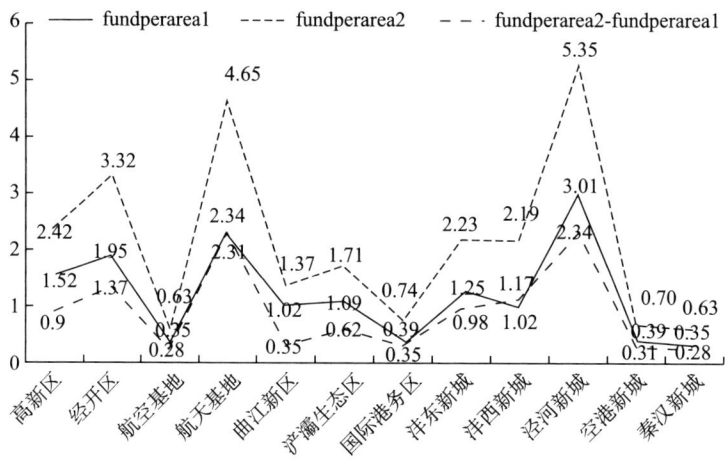

图9-3 同等参数条件下模型一与模型二 *fund* 值、*fundperarea* 值比较

进一步，为了考察各板块在两个模型中经济收入、地均产出终值差值之间的"同步性"，结合图9-3中相关数据制成了表9-2中的"调色盘"。

表9-2 各板块资金状况、地均产出增长幅度调色盘

	高新区	经开区	航空基地	航天基地	曲江新城	浐灞生态区
产业类型	高新技术	先进制造	先进制造	先进制造	现代服务	现代服务
地域面积	153.5	56.87	66	51.99	23.58	53.4
*fund*2-*fund*1	320.61	140.16	189.31	121.46	13.73	32.41
*fundperarea*2-*fundperarea*1	1.05	0.97	1.71	1.41	0.26	0.25

	国际港务区	沣东新城	沣西新城	泾河新城	空港新城	秦汉新城
产业类型	现代服务业	高新技术	高新技术	先进制造	现代服务	现代服务
地域面积	53.94	90.91	94.08	102.2	72.44	130.9
*fund*2-*fund*1	35.7	178.79	185.39	270.42	43.17	78.79
*fundperarea*2-*fundperarea*1	0.3	1.12	1.3	2.39	0.3	0.26

注：颜色越深代表处于更高层级的维度，*fund*2-*fund*1 的数值为（0，100]、(100，200]、(200，∞) 三个维度；*fundperarea*2-*fundperarea*1 的数值为（0，1]、（1，2]、（2，∞) 三个维度。

观察发现，除高新区、经开区外，其他10个板块的经济收入、

地均产出终值差值均位于相匹配的层级，而前两者都是经济收入终值差值较地均产出终值差值高出一个层级，表明高新区、经开区在招商项目的匹配性上还有提升空间。此外还发现，现代服务业板块尽管经济收入、地均产出终值差值都有增加，但增幅较小；而先进制造业与高新技术产业板块，不仅经济收入、地均产出终值差值都有增加，且增幅较大。由此可见，板块产业定位对其经济收入和地均产出都具有明显影响。

三 模型二中满意"补偿率"的确定

建立模型二的重要目的，是得到对应项目流转的满意"补偿率"。为此，在模型二中，通过保持上述 key_1、key_2、key_3 的参数赋值不变，对补偿率 $index_K$ 进行了一系列调节试验，得到其与各板块及城市整体地均产出终值差值的相关关系（见图9-4），其中 FPA_I（$I=1, 2, 3, \cdots, 12$）代表各板块在两个模型中地均产出终值差值与其在模型一中地均产出终值的比值，totalfundperarea 代表城市整体在两个模型中地均产出终值差值与其在模型一中地均产出终值的比值。

由图9-4可知，整体而言，各板块及城市整体地均产出终值差值增幅随补偿率的增加而增加，而各板块地均产出终值差值增幅曲线则大体围绕着城市整体地均产出终值差值增幅曲线分布并有所波动。进一步观察后有如下发现。

当 $index_K \in (0, 0.10]$ 时，板块曲线、城市曲线的增幅与波动都不明显，属于起步阶段，而当 $index_K \in (0.45, 0.50]$ 时，板块曲线、城市曲线均出现较为剧烈的波动，进入不稳定阶段。

当 $index_K \in (0.10, 0.23]$ 时，各板块曲线较为均匀地分布在城市曲线上下两侧，并都呈上升趋势，表明此时板块和城市处在同步受益的阶段，当 $index_K \in (0.23, 0.25]$ 时，分布在城市曲线上下两侧的板块曲线数量出现波动，表明板块和城市受益的同步性出现变化。

板块驱动型城市产业耦合

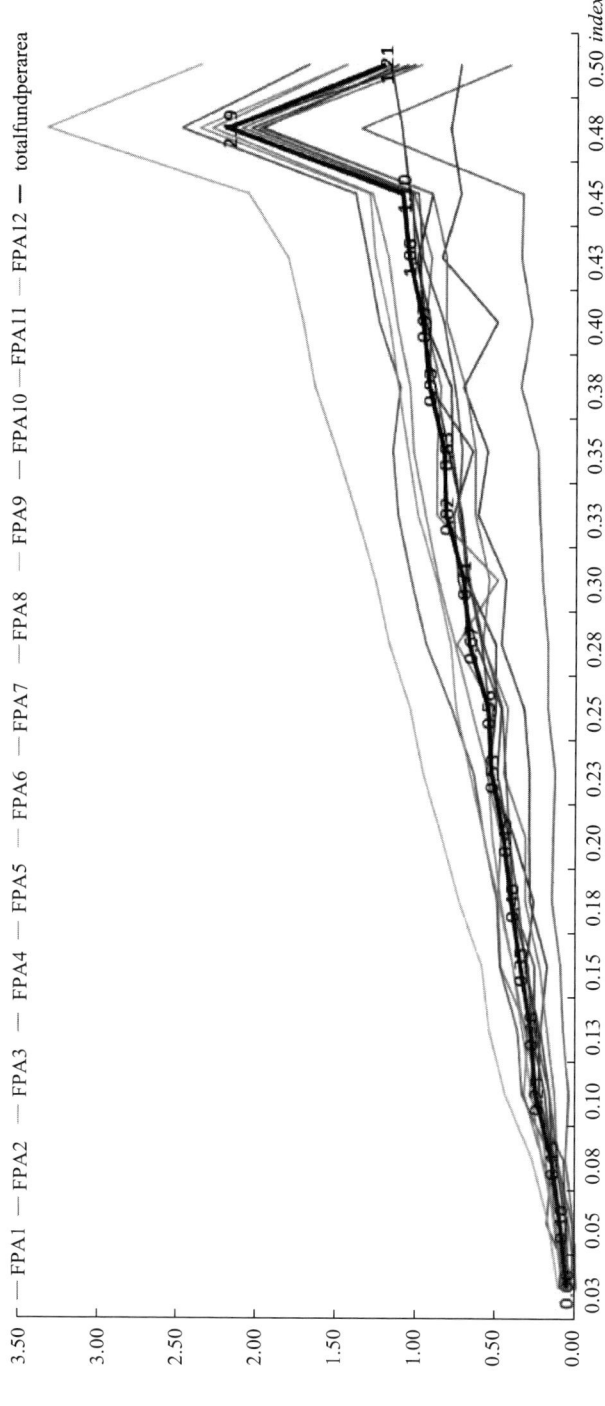

图9-4 补偿率与各板块及城市整体地均产出终值差值增幅的关系图示

当 $index_K \in (0.25, 0.35]$ 时，虽然分布在城市曲线上下两侧的板块曲线数量与 $index_K \in (0.10, 0.23]$ 时的数量持平，但出现了若干板块曲线沿城市曲线上下波动的状况，表明板块和城市受益的同步性出现显著变化，当 $index_K \in (0.35, 0.45]$ 时，分布在城市曲线上下两侧的板块曲线数量开始失衡，表明板块和城市受益的同步性出现恶化。

综上认为，能够体现各板块和城市整体在新的招商模式下同步受益的满意补偿率区间，应为 $index_K \in [0.10, 0.25]$。与此相对应的是，在板块驱动型城市的现实发展中，临近板块或特定范围内的相关板块，由于存在区域经济联系、比较优势、空间依赖等多重客观关联（高丽娜、宋慧勇，2017），资源与利益冲突在所难免，如何尽快实现它们的发展协同、利益互惠，是城市招商引资工作必须重视并解决的问题。进一步，协同治理理论认为，在公共事务治理中，不论是部门间协作、区域协作还是公私伙伴关系，多部门合作的建立都需要借助一定的治理结构或机制的构建（王佃利、王桂玲，2007）。从而，本书在模型二中所建立的、并识别出特定操作区间的以项目流转利益补偿为核心的多板块城市产业项目招商协调机制，从理论探讨和政策模拟两个层面，给出了一种较为合理的路径及方案，有利于促进城市板块及城市整体的有序、和谐发展。

第五节 小结

大西安产业项目招商模式优化的政策仿真研究，建立起了一整套关于多个城市板块产业项目招商仿真的原则、框架与仿真模型原型，既为大西安产业项目招商模式优化的政策改进提供了探讨与论证空间，也为同类问题研究奠定了开展相关政策仿真的基础。通过对模型一及模型二的基础校验和参数调试，其仿真运行结果反映了城市经济功能区格局下新的招商模式以及板块间项目流转补偿机制的有效性。特别是，在所确定的参数组合条件下，政策试验发现了对应项目流转的补偿率的满意区间为［0.10, 0.25］，这在一定程度上对未来实施相关政策提供了政策储备。

结合本部分研究，本书认为大西安产业招商可从四个方面进一步予以优化。一是落实城市经济功能区框架下项目集中布局的招商策略，加快形成产业集聚，与此同时要注意避免因"创新极化"而导致"马太效应"（王成城等，2017）。二是通过构筑更广泛的合作平台来建立多维的利益协调机制，如在产权明晰和产业行为有效约束的法律框架下，实施适当的经济利益补偿和激励机制（何剑、王欣爱，2017）。三是动态监测城市板块的经济发展状况，对各板块所处的发展阶段及特点准确分析，适时调整项目招商政策。四是进一步明确城市板块的产业定位，准确把握产业类型差异对板块经济收益的不同影响，通过扬长避短来充分发挥产业对板块建设的带动作用。

第六节　数据附件

一　数据附件1

2007～2016年陕西省城市建设用地情况

指标	2016年	2015年	2014年	2013年	2012年	2011年	2010年	2009年	2008年	2007年
城区面积（平方千米）	2335	2312	1610	1555	1504	1373	1431	1406	1379	—
建成区面积（平方千米）	1127	1073	968	915	864	809	758	686	660	653
城市建设用地面积（平方千米）	1096	1038	946	885	776	706	705	668	740	662
征用土地面积（平方千米）	44	31	23	22	29	34	42	45	27	22
城市人口密度（人/千米^2）	4240	4031	5474	5541	5483	5821	5506	5530	5488	5938

续表

指标	2016年	2015年	2014年	2013年	2012年	2011年	2010年	2009年	2008年	2007年
建成区面积占比(%)	48	46	60	59	57	59	53	49	48	—
未建成区面积占比(%)	52	54	40	41	43	41	47	51	52	—

资料来源：国家统计局。

二 数据附件2

2015～2017年陕西省项目用地面积与投资额回归分析

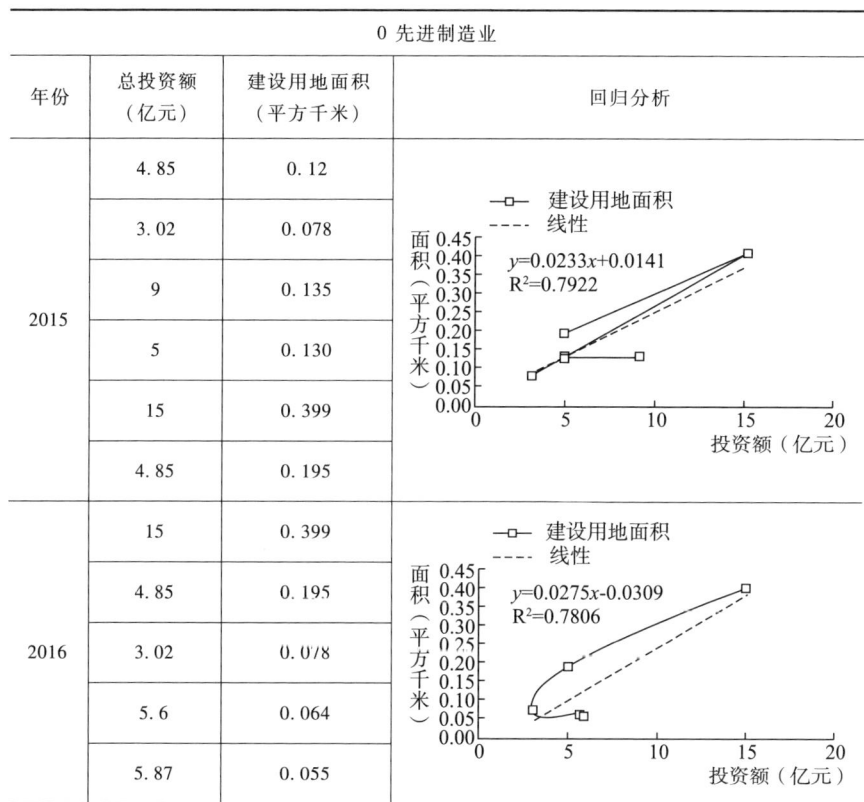

续表

年份	总投资额（亿元）	建设用地面积（平方千米）	回归分析
2017	9.66	0.100	$y=0.0214x-0.1136$, $R^2=0.968$
	7	0.040	
	9.43	0.077	
	12	0.146	

1 高新技术产业

年份	总投资额（亿元）	建设用地面积（平方千米）	回归分析
2015	25	0.530	$y=0.0199x-0.0108$, $R^2=0.776$
	7	0.155	
	10	0.153	
	14.05	0.415	
	18	0.267	
	6.2	0.139	
2016	18	0.267	$y=0.0198x-0.0102$, $R^2=0.8191$
	25	0.530	
	14.05	0.415	
	10	0.180	
	3.4	0.073	
	22.21	0.446	
	15	0.290	

续表

年份	总投资额（亿元）	建设用地面积（平方千米）	回归分析
2017	13.41	0.220	$y=0.021x-0.0827$，$R^2=0.9162$
	17.86	0.267	
	22.21	0.446	
	9.43	0.077	
	12	0.146	
	4.9	0.024	
	5.7	0.100	

2 现代服务业

年份	总投资额（亿元）	建设用地面积（平方千米）	回归分析
2015	6.7	0.216	$y=0.0335x-0.0601$，$R^2=0.984$
	21	0.520	
	120	4.000	
	21	0.967	
	40	1.100	
	4	0.060	
	10.45	0.131	
	2.6	0.092	
2016	28.6	0.684	$y=0.0129x-0.1542$，$R^2=0.9696$
	300	4.000	
	4	0.110	
	18.8	0.370	
	10.45	0.131	
	20	0.320	
	6.8	0.110	
	8.5	0.352	

续表

年份	总投资额（亿元）	建设用地面积（平方千米）	回归分析
2017	13.4	0.320	建设用地面积；线性；$y=0.013x-0.2095$；$R^2=0.9432$
	60	1.100	
	300	4.000	
	3.2	0.413	
	5.6	0.173	
	19	0.530	
	20	0.100	
	7	0.105	
	18.26	0.500	

资料来源：陕西省发展和改革委员会官网，经作者整理所得。

三 数据附件3

西安市2007~2016年年度数据

指标	2016年	2015年	2014年	2013年	2012年	2011年	2010年	2009年	2008年	2007年
国内生产总值（亿元）	6257.18	5801.2	5492.64	4884.13	4366.1	3864.21	3241.5	2724	2190.04	1763.73
第一产业增加值（亿元）	232.01	220.2	214.55	217.76	195.6	173.14	140.1	110.38	103.45	82.51
第二产业增加值（亿元）	2197.81	2126.29	2194.78	2117.66	1881.8	1697.16	1409.5	1144.75	987.7	772.51
第三产业增加值（亿元）	3827.36	3454.71	3083.31	2548.71	2288.8	1993.91	1691.9	1468.95	1098.89	908.71

资料来源：国家统计局。

第十章
基于大西安城市经济功能区的城市产业耦合发展协调度评价

本书第五章已提出：在划分了城市经济功能区之后，大西安的主导产业有了相对完整、独立的发展空间，产业间的协作关系更加清晰、顺畅，并带来城市主导产业在空间上更加均衡、协调的发展，从而能够促进城市发展特别是经济产业发展整体利益的实现。因此，城市经济功能区之间的协调发展，既成为衡量其划分合理性的重要尺度，也是评价城市产业耦合发展协调性的重要标准。据此，本部分研究仍然选择了泰尔指数测度大西安城市产业耦合发展协调度，同时选择各板块/功能区的税收收入和投资总量作为评价指标。

鉴于本部分的研究过程和第五章第一节至第四节较为相似，因此只概要给出基础数据和计算结果，对应的结果分析也相应从简。

第一节 协调度评价一：基于税收收入的测度

厦门大学赵燕菁教授近期撰文指出：如果说城市化 1.0 阶段是"外延式扩张"，那么城市化 2.0 阶段就是"内涵式增长"；所谓经济转型，就是指经济从资本型增长转向现金流型增长（赵燕菁，2017）。内涵式增长就是将已经形成的存量资本还原为真实的现金流收入的过程。只有当城市现金流收入充分覆盖运营性支出，才意味着城市化真正完成。因此，在城市化1.0阶段后期，就要有意识地减少一次性资本收入（中国地方政府主要是通过卖地）。特别要防止通过举债支持经常性的开支（如各种福利支出）。在城市化2.0阶段，政府应避免通过增加固定投资拉动GDP，相反要尽量减少不能带来新现金流的固定投资。

在城市化2.0阶段，道路、桥梁、水电、建筑等城市基础设施基本建成。融资的需求开始减少，维持这些设施的成本迅速增加。这时，如何让这些资产创造现金流，就成为更主要的目标。城市化2.0阶段的规划，就是要通过租金、税收、分红等，把这些资产现金流化。只有现金流能够完全覆盖公共服务所需的经常性支出，城市化2.0阶段才算成功。

据此，本书认为：对于评价大西安产业耦合发展的程度，各个功能区的税收收入是重要的测度及刻画指标。一方面，它反映了各个功能区的经济增长可持续性和经济发展健康程度；另一方面，它也是为数不多的可获得数据之一。

结合表5-2的分区及所涉板块，表10-1给出了对应8个城市板块的基础数据，包括各自的规划面积及2014~2016年的税收收入。

表10-1 2014~2016年大西安主要城市板块税收收入

序号	板块	规划面积（平方千米）(P)	税收收入（万元）(t) 2014年	2015年	2016年
1	高新区	307.00	520870	636501	610819
2	经开区	113.74	272397	284775	24136
3	曲江新区	51.50	277665	319538	318132
4	沣东新城	159.30	23207	34224	123791
5	浐灞生态区	129.00	96656	94969	100002
6	国际港务区	120.00	20344	27915	30558

第十章 基于大西安城市经济功能区的城市产业耦合发展协调度评价

续表

序号	板块	规划面积（平方千米）（P）	税收收入（万元）（t) 2014年	税收收入（万元）（t) 2015年	税收收入（万元）（t) 2016年
7	航天基地	86.68	6190	7881	8335
8	航空基地	72.00	24615	32579	31444
	合计	1039.22	1241944	1438382	1247217

资料来源：规划面积数据来自各板块网站；税收收入数据来自陕西省统计局。

按照第五章描述的泰尔指数测度方法，表10-2给出了分区前、分区后基于区域税收收入的三种泰尔指数计算结果。

表10-2　2014~2016年分区前后基于税收收入的泰尔指数计算结果

	板块/功能区	2014年	2015年	2016年
分区前	高新区 经开区 曲江新区 沣东新城 浐灞生态区 国际港务区 航天基地 航空基地	0.212710976	0.203505029	0.205612571
西安市分区	B_1 B_2 B_3 B_4	0.103104625	0.102006556	0.146170248
本书分区	A_1 A_2 A_3 A_4	0.046153489	0.041610065	0.112520902

从表10-2可以看到，分区前各年份的泰尔指数均为最高，而分

区后的泰尔指数都明显降低,且本书分区结果按年份都低于西安市分区的结果。表明在分区之后,大西安城市产业耦合发展程度增强,即功能区产业发展的协调度增加,同时本书分区方案相对优于西安市分区方案,更加有利于大西安城市产业的耦合和协调发展。

第二节 协调度评价二:基于投资总量的测度

仍然结合表 5-2 的分区及所涉板块,表 10-3 给出了对应 8 个城市板块的基础数据,包括各自的规划面积及 2011~2016 年的投资总量,以期更加完整地做出相关评价。

按照第五章描述的泰尔指数测度方法,表 10-4 给出了分区前、分区后基于区域投资总量的三种泰尔指数计算结果。

表 10-3 2011~2016 年大西安主要城市板块投资总量统计

序号	板块	规划面积 (平方千米) (P)	投资总量(亿元)(I)					
			2011 年	2012 年	2013 年	2014 年	2015 年	2016 年
1	高新区	307.00	334.47	418.44	532.08	660.77	734.14	783.14
2	经开区	113.74	299.62	381.24	480.87	597.50	625.61	664.85
3	曲江新区	51.50	268.23	356.10	456.76	566.35	360.21	386.55
4	沣东新城	159.30	56.34	77.72	123.61	189.24	259.96	326.27
5	浐灞生态区	129.00	100.14	150.67	227.35	321.46	423.58	475.90
6	国际港务区	120.00	35.24	58.16	85.32	120.81	157.51	173.42
7	航天基地	86.68	1.40	62.94	90.08	122.80	115.41	131.81
8	航空基地	72.00	1.10	48.39	65.34	88.35	103.85	114.61
合计		1039.22	1096.54	1553.66	2061.41	2667.28	2780.28	3056.55

资料来源:规划面积数据来自各板块网站;投资总量数据来自陕西省统计局。

表 10-4　2011~2016 年分区前后基于投资总量的泰尔指数计算结果

板块/功能区		2011 年	2012 年	2013 年	2014 年	2015 年	2016 年
分区前	高新区	0.22384427	0.15111193	0.13407407	0.118730997	0.064994913	0.059182344
	经开区						
	曲江新区						
	沣东新城						
	浐灞生态区						
	国际港务区						
	航天基地						
	航空基地						
西安市分区	B_1	0.14666722	0.13330180	0.12200494	0.076313039	0.074108306	0.070397866
	B_2						
	B_3						
	B_4						
本书分区	A_1	0.04870338	0.04997296	0.04924961	0.04740803	0.026018853	0.025185587
	A_2						
	A_3						
	A_4						

从表 10-4 可以看到，2011~2014 年，分区前各年份的泰尔指数均为最高，而分区后的数据都有所降低，且本书分区结果按年份显著低于西安市分区的结果；而 2015~2016 年，分区的效果出现分异，即西安市分区的结果高于分区前，而本书分区结果仍然显著低于其他两者。综合这些情况，整体而言，分区还是可以促进大西安城市产业耦合发展的程度提高，但如何分区十分关键，显然，本书分区方案在此处仍然相对优于西安市分区方案，从而也会更有利于大西安城市产业的耦合和协调发展。

第十一章
对策建议

第一节 核心建议：优化大西安生产力布局

　　截至2017年1月，西安市范围内（含西咸新区）共有24个拥有市级（西咸新区为省级）经济管理权限的开发区、新区和组团区域。这24个城市板块普遍实行开发区管理体制，事权、财权相对独立，能够带来开发的高效率和发展的高速度，因而在西安市下辖的13个区县之外，对整个城市的经济社会特别是产业发展形成了有力支撑。与此同时，这些城市板块在较长时期内的相对独立运行，导致相互间较为激烈的产业及项目资源竞争，造成了西安市经济发展特别是产业布局的碎片化现状。

　　一个城市当中，有近40个行政地位相当、都接受市政府考核的经济发展主体（24个开发板块、13个区县），这样一种发展格局，如果没有强有力的统筹和协调，很难实现城市整体利益最优。这也是西安市政府相继提出"推动开发区优化整合"、建立"招商引资工作暨重大招商引资项目联席会议制度"、组建全市招商"特种部队"，直至成立"西安市投资合作委员会"的根本原因所在。此外，招商引资是开发区经济工作的生命线，对此西安市委也提出把招商引资作为全市"一号工程"。在此背景下，可以预见西安市各开发板块的招商引资压力将只增不减，而板块间在招商引资上的配合特别是在

第十一章 对策建议

重要产业项目落地上的协作,将成为西安市摆脱当前产业布局碎片化现状的关键。

综上,作者结合区域行政理论视角,针对大西安生产力布局优化(即重点项目布局管理优化)这一命题,提出"划分大西安经济功能区,统筹重点项目布局管理,推进城市板块融合发展"的核心建议,旨在促进各相关方在已有互动关系基础上,建立一个目标、任务有所侧重的大西安区域行政的制度和组织架构,既加强域内行政协调协作,也促进面向区域整体发展的经济管理合作。

一 划分大西安"5+1"经济功能区

基于大西安城市板块的主体部分多为经济开发区域的事实,提出大西安经济功能区的概念,其核心特征是较为一致的产业定位和较为连续的产业空间。结合西安市的5项主导产业即高新技术产业、先进制造业(装备制造业)、文化产业、旅游业和现代服务业以及24个城市板块的核心产业定位,大西安可以构建以高新技术、先进制造、物流金融、文化旅游、现代服务为主题的5个经济功能区,再加上陕西自贸区的主体片区都在大西安范围内,因此还可以叠加一个自贸经济功能区,这就是大西安"5+1"经济功能区格局。对大西安的高新技术功能区、先进制造功能区、物流金融功能区、文化旅游功能区和现代服务功能区的板块组成及其产业与空间关系进行的分析(第四章),能够表明构建大西安5个主体经济功能区的合理性和可行性。

二 统筹重点项目布局管理

在明确大西安5个主体经济功能区格局的基础上,可以接续实现重点项目在大西安范围内较为科学的布局,一方面促进大西安产业布局整体优化,另一方面也为各功能区内城市板块的融合发展奠定基础。

基于大西安经济功能区的重点项目布局统筹管理方案，实质上是一套旨在优化大西安产业布局的全新重点项目落地办法，主要包括政企沟通、项目立项、项目落地、补偿协调等核心流程，以及相应的政商沟通、质量评估、省级协调、市级协调和补偿协调五个核心机制（第六章）。

三 推进城市板块融合发展

在解决大西安经济功能区划分、重点项目在功能区内的合理布局这两个问题后，还需要考虑功能区内各板块的融合发展，因为只有相关城市板块得到融合发展，大西安的产业布局才能持续得到优化。

以大西安"5+1"经济功能区为基础，结合开发区合并、开发区代管、开发区领导交叉任职、开发区联席会议、开发区联盟、开发区协议伙伴关系等可行的融合发展策略，再综合各功能区内板块的产业现状、区位条件、开发层次、主管级别等因素，提出以下各功能区内城市板块的融合发展路径：

大西安高新技术功能区宜采取"开发区联盟+开发区联席会议"的综合策略，一方面通过各板块的规划协调和协作，尽快解决大西安高新技术产业发展的整体布局问题，另一方面实现域内重大问题和公共议题的协商解决；

大西安先进制造功能区可采取"开发区合并+开发区领导交叉任职"的综合策略，实现大西安先进制造业的统筹布局；

大西安物流金融功能区宜采取"开发区规划+开发区领导交叉任职"的综合策略，一方面形成大西安物流金融行业的科学布局和三个板块在自贸区建设中产业发展上的协作，另一方面实现大西安东部地区重要开发板块的建设联动；

大西安文化旅游功能区亟待以市场的力量为主导推动区域整合发展，并辅以"开发区领导交叉任职/开发区代管"这一策略，以形成大西安文化、旅游产业的通盘规划与设计；

大西安现代服务功能区则应以市场选择为主导，推进各板块间协同发展，同时可在交流信息、互通有无的基础上，实现错位发展。

第二节　延伸建议：加快建设陕西自贸区

一　作为"制度资本"重大项目的自贸区

自贸区是指在国境内关外设立的，以贸易自由化、便利化为主要目的的多功能经济性特区，贸易自由化和便利化是自贸区的亮点。自贸试验区不是传统意义开发区、经济特区的升级版，也不是海关特殊监管区或保税区的升级版，而是集金融、投资、贸易、科创等领域的开放与创新于一体的综合改革区，是全面对标国际通行规则、全面检验综合监管能力的压力测试区。自贸试验区的重心不是招商引资而是制度创新，手段不是税收洼地而是环境高地，特质不是无序竞争而是公平准入。自贸区的设立，其意义绝非物理形态、经济总量的改变，而是制度层面的创新、制度环境的供给。因此将自贸区作为一项重点项目来研究也就具有一定的意义。

2017年4月1日，中国（陕西）自由贸易试验区正式挂牌运行。陕西自贸区将多方面为企业提供各项创新举措，释放改革红利，同时形成三个创新特点，分别是创新与共建"一带一路"国家的互联互通新机制、创新产能合作新机制、创新现代农业合作新机制（孙元欣，2016）。将"一带一路"倡议和自贸区建设融合起来，推动开放，打造国际商贸物流中心、国际科技教育中心、国际产能合作中心、文化旅游中心、区域金融中心[①]。

国家对陕西自贸试验区的定位是以制度创新为核心，以可复制可推广为基本要求，全面落实党中央、国务院关于更好发挥"一带一路"建设对西部大开发带动作用、加大西部地区门户城市开放力

---

① www.sei.gov.cn.

度的要求，努力将自贸试验区建设成为全面改革开放试验田、内陆型改革开放新高地、"一带一路"经济合作和人文交流重要支点。

陕西省自贸区目前尚未成熟，有很大的发展空间，必须做好制度创新工作，趋利避害。利用好国际环境，在国家和地方的努力创新中，陕西省一定能在紧随时代步伐的同时发展出具有地方特色的自贸区，进而促进国家经济发展。

（一）区域经济增长的要素分析

自贸区是国家深化改革、扩大开放的制度红利的结果，其充分发挥了市场的资源配置基础作用，有利于降低交易成本，提高市场效率，最大限度促进区域经济协调持续发展。自贸区的建设有益于创新发展、集聚发展，形成政策高地、资金洼地，提高内陆经济的开放度与跨境经济合作发展水平。

产业集群要素。产业集群是一种常见的地缘现象，伴随着产业的发展演变，在一定地域内集中了一些相互关联、具有合作或竞争关系的企业与机构，在这个外围支持产业体系健全、灵活机动的集群内，企业之间建立了紧密的合作关系，形成了从原材料供应到销售渠道甚至最终用户的完整上、中、下游结构。在自贸区内形成产业集聚具有成本优势和创新优势。通过集群成员之间供需关系的联结，实现了采购本地化，降低了企业的采购和供应成本；同时集群中的企业可获得大量的替代性劳工，相关产业的劳工可以相互讨论与交流（王丹，2015），从回馈机制中企业可以得到高质量、高品质的讯息，资讯外溢效应不仅方便了上下游企业之间的沟通互动，而且可以激励自我要求高、对市场趋势敏感的厂商勇于创新，从而为双方在技术创新中协作创造了条件。例如：在浐灞生态园区形成金融产业集聚，具有区域金融创新、金融风险缓释和提高金融机构生产经营效率三大优势，不仅能够为区域内金融企业带来租金，而且也能够为区域经济金融发展带来强大动力。

制度要素。制度改革与创新要素对于经济发展具有特殊意义，要想实现自贸区经济增长方式的转变，保持稳定高速的经济增长，就必须努力破除现有的低效制度，构建有利的制度环境。只有在有效的制度下，生产要素才能更加合理有效地发挥其资源配置能力，经济水平才能稳定持续地提高。经济体制下的制度变革对自贸区发展具有重要意义，因此能够反映自贸区总体创新的强度。

（二）自贸区与制度资本

所谓制度资本，就是制度作为投入要素，参与企业的生产和销售等过程，并且制度制定者依靠与企业家签订合约得到获取"收益"的权利和利润分享的机会。而自贸区的建设过程，就是高效包容的制度作用于微观主体，并改善其独特的制度经营的商业模式，不断进行制度资本的更新和累积，进而产生制度红利的过程。企业在自贸区的建设过程中有举足轻重的作用。国家需要制定一系列的政策，吸引企业投资，发展当地经济，推动自贸区发展。对于企业最具有吸引力的制度之一就是金融财税制度。政府要给予税收或者融资优惠，鼓励企业带动产业的发展，从而促进自贸区经济发展（杨冬梅、万道侠，2017）。

二 陕西自贸区的建设背景和基本进展

党的十八大提出创新驱动发展战略，强调创新是提高社会生产力和综合国力的战略支撑，而制度创新是创新驱动的关键。2013年国家设立上海自贸区，开始进行制度创新的重点布局，随后相继设立十余个自贸试验区，旨在抢抓机遇以此促进制度创新，带动经济增长。2017年4月1日，中国（陕西）自由贸易试验区正式挂牌运行，目标是经过未来几年的改革探索，形成与国际投资贸易通行规则相衔接的制度创新体系，营造出国际化、法治化、便利化的营商环境，走出具有陕西内陆特色的开放发展道路，打造出内陆改革新高地。本书认为，陕西自贸区是一类重要的制度资本项目。因此本书侧重从制度资本视角，对陕西自贸区的建设进展、创新路径及发展建议等开展相关研究。

截至2017年9月8日,陕西自贸区内新增企业5219家,新增注册资本1693.03亿元[①]。其中,西安区域新增企业4497家(未含西咸新区),新增注册资本1289.18亿元。新增注册资本1亿元以上企业达118家,由此带动西安四个开发区新增注册资本呈现爆发式增长。

据统计,仅2017丝绸之路国际博览会期间,陕西自贸区共签订117个招商引资合同项目,投资总额近2500亿元人民币,其中外资项目22个,投资总额达22.6亿美元[②]。华侨城"城镇化+旅游+文化"综合项目[③]、世界苹果中心、海航现代物流等一批千亿级投资项目和交易平台,三星西安项目二期、华为全球技术中心、亚马逊、新松机器人等重大项目相继落户自贸区。

特别要强调的是,陕西自贸区始终坚持以制度创新为核心,西安市为此成立了8个专题工作组,围绕金融创新、政府管理、经济合作、投资贸易、人文交流等领域重点开展制度创新,目前已梳理出18个创新案例,形成34项创新举措。

三 陕西自贸区的制度创新探索

(一)行政审批制度创新

按照"成熟一批、下放一批"和"放得下、接得住、管得好"的原则,扎实推进向自贸区下放委托管理事项工作。同时紧扣"放管服"原则,向自贸区下放省级权限217项,市级权限103项。制定"十统一"标准改造升级自贸区综合服务大厅,重点推出1455项服务事项"最多跑一次"。另外,针对创新政府管理方式,西安市已实现"一口

---

① 《陕西自贸区新增注册企业5219户》,凤凰网陕西,2017年9月15日,http://sn.ifeng.com/a/20170915/5996913_0.shtml。
② 《打造"一带一路"核心区 陕西驶入"追赶超越"快车道》,http://news.ishaanxi.com/2017/0602/659897.shtml。
③ 《"引进来 走出去"陕西自贸区平台优势尽显》,http://sh.qihoo.com/pc/detail?check=cb22ba451e9e0a90&sign=360_e39369d1&url=http://zm.news.so.com/c1e28345a13491e31219a8bbf375b0bf。

受理，并联审批，19 事项联办"，并将办理时间缩短至 3 个工作日。

（二）金融体制机制创新

2017 年 7 月由中国（陕西）自由贸易试验区办公室、中国人民银行西安分行、国家外汇管理局陕西省分局印发的《金融服务中国（陕西）自由贸易试验区建设的意见》，从金融政策方面着力推进人文交流和现代农业国际以及金融改革创新合作。搭建跨境电子商务人民币结算平台——"通丝路"，支持银行和符合条件的支付机构为企业和个人提供跨境服务贸易和货物贸易人民币结算服务。提出支持"一带一路"人文交流和现代农业国际合作具体金融措施，体现了对陕西自贸区特色产业发展的支持[1]。

（三）负面清单管理模式

外商在陕西自贸区内投资，一律适用《自由贸易试验区外商投资准入特别管理措施（负面清单）》。建立外商投资信息报告制度和外商投资信息公示平台，强化探索外商投资实际控制人管理，提升外商投资全周期监管的科学性、规范性和透明度。

（四）贸易监管制度创新

开展国际贸易"单一窗口"建设[2]，完善运输工具进出境和货物进出口的应用功能，进一步优化口岸监管执法流程和通关流程，实现资质登记平台功能、贸易许可，开展国际贸易"单一窗口"建设。实施的"联网监管 + 库位管理 + 实时核注"实现了 24 小时通关便利。国际贸易"单一窗口"上线后，通关效率提升了 30% ~ 50%。另外，近期西安港与青岛港海关检验检疫部门正合力打造两港之间"一单到底"一站式通关监管模式，促成交易成本费用明显降低。

（五）农业合作领域创新

挂牌半年以来，陕西自贸区杨凌片区已在境外启动建设了中美

---

[1] 李滨：《36 条金融举措服务陕西自贸区》，http://news.163.com/17/0814/01/CROUQ-BI900018AOP.html。

[2] 《西安海关发布〈中国陕西自由贸易试验区海关监管方案（试行）〉》，http://www.sohu.com/a/136611767_160914。

农业科技产业园、中哈现代农业示范园等多个园区，同时建立了综合保税区和国际农业科技合作交流基地，组建面向共建"一带一路"国家的现代农业合作联盟和全球农业智库联盟。与此同时，大力发展生物产业、农产品加工贸易、农业装备制造和现代农业服务业，积极培育以农业为特色的外向型产业集群，建设世界知名农业科技创新城市。

（六）存在的不足

陕西自贸区挂牌以来，在扩大投资开放、加快政府职能转变等领域已经取得了一定成果，但也暴露出如下缺陷。

创新力度不强。当前，陕西自贸区仍处于学习其他自贸区经验的过程中，多数时间是跟在其他第三批获批自贸区的改革步伐之后进行创新，不敢争当排头兵。此外，形成可复制可推广的经验相对较少，与区域外先进地区的合作相对空白。

管理结构松散。省自贸办作为协调机构，实施与统筹规划的空间有限。各片区管理机构分散，办事责任层层下放，上级领导无暇顾及、下层员工束手无策的现象较为普遍。因此导致办事效率不高、创新进程缓慢等问题。

服务水平滞后。虽然负面清单管理已经成为政府服务企业的主体方式，但在实际操作过程中，不少政务人员仍然具有"审查"的工作惯性，坐等企业上门。另外，自贸区政策出台较为频繁，服务人员的业务熟练水平相对滞后，企业的办事效率因此大幅降低。

四 陕西自贸区与四川自贸区的比较分析

四川与陕西两省在地理上毗邻，经济发展有相似之处，同为"一带一路"倡议重要支点，因此本部分将同为第三批获批的陕西、四川自贸区进行比较分析。

（一）四川自贸区的建设进展及制度创新

2017年4月至8月，四川自贸区新设企业13078家，平均每天新增企业约 85 家，内资企业注册资本达 1824.7 亿元[①]。其中 1 亿元以上的项目 131 个，重点分布于总部经济、融资租赁、智能终端、文化旅游、现代物流、装备制造、国际贸易等产业。

目前四川借鉴了上海自贸区首批推出的 14 项制度，并已全部落地。通关便利化水平得到新的提升。早在 2014 年上半年，四川就率先启动学习上海自贸区改革经验，并于半年后在全省全面展开。贸易便利化、投资管理、海关特殊监管区制度创新、金融、检验检疫制度创新 5 大领域 27 项改革事项已经全部完成。另外，成都正建设人民币跨境结算中心[②]，同时设立自贸区专柜，减少办理业务过程中的审批环节和需要提交的证明材料。

四川自贸区三大片区均建立了人才吸引机制。如成都双流自贸区管理局在全国选聘了一批自贸试验区领域的优秀专家学者，并聘请外籍高端人才，成立了"自贸智库"。成都高新区自贸办也面向社会公开招聘自贸区管理人才。

另外，四川还与广东签订自贸区战略合作协议[③]，双方将以制度创新为核心，建立"信息共享、创新共推、模式共建"的合作机制，在贸易、投资、现代物流、金融等领域开展联动、协同创新，形成新一批改革创新成果，更好地发挥示范带动、服务全国的积极作用。此外，四川自贸区也与香港在金融等领域开展合作，借鉴其成功经验，建设更高更好的自贸区平台。

目前，四川自贸试验区已形成具有四川特色的改革举措 38 项，同时《中国（四川）自由贸易试验区第二批可复制可推广经验清单》已获得审议，其中成都天府新区片区高新区块的"盈创动力科技金

---

① 《四川自贸试验区新设企业 13078 家》，四川省人民政府官网，2017 年 9 月 12 日，https：//www. sc. gov. cn/10462/10464/10797/2017/9/12/10433392. shtml。
② 《金融支持四川自贸区建设 成都片区出台实施细则》，http：//district. ce. cn/newareaqyzx/201710/11/ t20171011_26504106. shtml。
③ 《四川与广东签署自贸区战略合作协议》，http：//sh. qihoo. com/pc/detail？ check = 376cf6fe5fe41c75&sign = 360_ e39369d1&url = http：//zm. news. so. com/61189afbe2b74c6cbfabd679d6534d23。

融服务模式",成为全国推广的科技金融改革创新经验之一①。该模式通过民间资金参与、政府引导、市场化运作,构建了以"盈创动力科技金融大厦"和"天府之星"为支撑的信息载体和物理载体,搭建了以统借统还平台贷款、政策性融资产品、创业投资、天使投资、私募股权投资为核心的股权融资服务、债权融资服务和增值服务三大服务体系,为中小企业提供全方位"一站式"投融资服务,着力缓解中小企业融资贵、融资难的问题②。

(二)陕西自贸区与四川自贸区的比较及其启示

与四川自贸区相比,陕西自贸区的创新理念相对滞后,在企业招商数量和注册资本,以及人才培养制度与区域外部合作方面,都相对速度较慢。针对以上情况,提出对陕西自贸区的以下启示。

勇于突破现行条规和政策条框,授权各自贸区片区在既定目标与定位下大胆创新。对标新加坡自由贸易区,有选择性地借鉴其制度创新体系、模式监管设计和相关政策。加大引智引资力度,落实国家人才战略,加速国际化进程,完善面向高层次自贸区人才的服务体系。

积极与区域外先进地区进行战略合作,形成产业联合、优势互补。如中哈边境的霍尔果斯跨境自由贸易区,是"丝绸之路经济带"最前沿,也是世界上首个跨境自由贸易和投资合作区,区位优势得天独厚,是我国西北地区最大的陆路一类口岸,也是中哈两国开放的一级通商口岸。陕西自贸区与其合作,能够发展先行先试的创新模式和提质增效转型升级,双方探索建立承接产业转移合作机制,共同加强对西部企业需求和经济发展形势的分析研判,实现投资企业信息平台、数据库的互联共享。

---

① 《成都高新自贸试验区盈创动力模式获全国推广》,http:∥www.sohu.com/a/193525996_115239。
② 中国(四川)自贸试验区官网,http:∥www.sccom.gov.cn/web/zmq/home。

第十一章 对策建议

五 加快建设陕西自贸区的对策建议

(一) 提升政府治理能力

在自贸区的制度创新改革进程中，加快政府职能转变是一个侧重点（赵红军，2014）。没有政府职能的转变，就很难有自贸区内投资领域的进一步开放，贸易的发展方式也会很艰难。针对陕西自贸区发展中出现的问题，本部分主要针对如何加快政府职能转变提出建议。

强化业务培训、提升服务水平。政府部门需要为企业提供事前、事中、事后的高效服务。窗口的受理人员需要通过定期或不定期的培训，不断提升业务能力水平，为企业提供准确的办事流程和相关信息咨询，真正起到便利企业和促进经济发展的作用。

放宽市场准入与细化配套细则。新版的负面清单已经出台，陕西自贸区可以根据匹配度，分行业、条目细化和出台配套政策方案，将流程标准化、政策透明化、责任主体明确化，打通政策的"最后一公里"（罗月领，2013）。

建立政策落实协调机制。建议陕西省行业主管部门将更多审批权下放到自贸区，简化审批流程并缩短审批时间。建立各部门协调机制，将协调落实到具体部门，避免企业浪费时间。

(二) 明确制度创新路径

陕西自贸区制度创新对既有经验依赖过多，而观念上的滞后也影响着创新的推进。因此，陕西自贸区建设需要持续寻求突破。

重点突破与协同推进相结合。陕西自贸区应先在贸易、金融等容易突破的领域进行政策的重点突破，最终带动整个政策体系的变革。同时，各片区的政策创新及扩散应协同进行，不能搞"封闭主义"，只顾本片区的发展。

制度创新与产业发展相结合。自贸区内应更加强调产业发展制度政策创新与动力的结合，同时创造良好的投资环境和营商环境。让企业成为创新主体，引导创新要素向企业聚集。自贸区内可出台相关举措，强化企业技术创新的主体地位，促进企业创新能力的提升。

自主创新和外部学习相结合。一方面，陕西自贸区要学习其他国家及地区的优惠政策及经验，如在自由贸易区内提供集中物流服务、规定产品内销比例等。另一方面，由于陕西的文化背景及地理位置与其他地区不同，因此不能重复别人走过的路，要在某些领域标新立异，为其他自贸区提供可借鉴的经验（王全兴、王凤岩，2014）。

附 录

附录1　国务院关于开发区改革创新发展、陕西省关于重点项目推进以及西安市关于重点项目管理和招商引资工作制度的相关政策内容

附录1.1　国务院办公厅关于促进开发区改革和创新发展的若干意见（国办发〔2017〕7号）[①]（节录）

各省、自治区、直辖市人民政府，国务院各部委、各直属机构：

　　开发区建设是我国改革开放的成功实践，对促进体制改革、改善投资环境、引导产业集聚、发展开放型经济发挥了不可替代的作用，开发区已成为推动我国工业化、城镇化快速发展和对外开放的重要平台。当前，全球经济和产业格局正在发生深刻变化，我国经济发展进入新常态，面对新形势，必须进一步发挥开发区作为改革开放排头兵的作用，形成新的集聚效应和增长动力，引领经济结构优化调整和发展方式转变。为深入贯彻落实《中共中央 国务院关于构建开放型经济新体制的若干意见》，经国务院同意，现就促进开发区改革和创新发展提出以下意见。

　　一、总体要求

　　（一）指导思想。全面贯彻党的十八大和十八届三中、四中、五

[①]　http：∥www.gov.cn/zhengce/content/2017-02/06/content_5165788.htm.

中、六中全会精神，深入贯彻习近平总书记系列重要讲话精神和治国理政新理念新思想新战略，认真落实党中央、国务院决策部署，紧紧围绕统筹推进"五位一体"总体布局和协调推进"四个全面"战略布局，牢固树立创新、协调、绿色、开放、共享的发展理念，加强对各类开发区的统筹规划，加快开发区转型升级，促进开发区体制机制创新，完善开发区管理制度和政策体系，进一步增强开发区功能优势，把各类开发区建设成为新型工业化发展的引领区、高水平营商环境的示范区、大众创业万众创新的集聚区、开放型经济和体制创新的先行区，推进供给侧结构性改革，形成经济增长的新动力。

（二）基本原则。坚持改革创新。强化开发区精简高效的管理特色，创新开发区运营模式，以改革创新激发新时期开发区发展的动力和活力。坚持规划引领。完善开发区空间布局和数量规模，形成布局合理、错位发展、功能协调的全国开发区发展格局，切实提高经济发展质量和效益。坚持集聚集约。完善公共设施和服务体系，引导工业项目向开发区集中，促进产业集聚、资源集约、绿色发展，切实发挥开发区规模经济效应。坚持发展导向。构建促进开发区发展的长效机制，以规范促发展，正确把握发展和规范的关系，不断探索开发区发展新路径、新经验。

二、优化开发区形态和布局

（三）科学把握开发区功能定位。开发区要坚持以产业发展为主，成为本地区制造业、高新技术产业和生产性服务业集聚发展平台，成为实施制造强国战略和创新驱动发展战略的重要载体。开发区要科学规划功能布局，突出生产功能，统筹生活区、商务区、办公区等城市功能建设，促进新型城镇化发展。开发区要继续把优化营商环境作为首要任务，着力为企业投资经营提供优质高效的服务、配套完备的设施、共享便捷的资源，着力推进经济体制改革和政府职能转变。

（四）明确各类开发区发展方向。经济技术开发区、高新技术产业开发区、海关特殊监管区域等国家级开发区要发挥示范引领作用，突出先进制造业、战略性新兴产业、加工贸易等产业特色，主动对接国际通行规则，建设具有国际竞争力的高水平园区，打造具有国际影响力的园区品牌。经济开发区、工业园区、高新技术产业园区等省级开发区要依托区域资源优势，推动产业要素集聚，提升营商环境国际化水平，向主导产业明确、延伸产业链条、综合配套完备的方向发展，成为区域经济增长极，带动区域经济结构优化升级。

（五）推动各区域开发区协调发展。（略）

三、加快开发区转型升级

（六）推进开发区创新驱动发展。（略）

（七）加快开发区产业结构优化。（略）

（八）促进开发区开放型经济发展。（略）

（九）推动开发区实现绿色发展。（略）

（十）提升开发区基础设施水平。（略）

四、全面深化开发区体制改革

（十一）完善开发区管理体制。开发区管理机构作为所在地人民政府的派出机关，要按照精简高效的原则，进一步整合归并内设机构，集中精力抓好经济管理和投资服务，焕发体制机制活力。各地要加强对开发区与行政区的统筹协调，完善开发区财政预算管理和独立核算机制，充分依托所在地各级人民政府开展社会管理、公共服务和市场监管，减少向开发区派驻的部门，逐步理顺开发区与代管乡镇、街道的关系，依据行政区划管理有关规定确定开发区管理机构管辖范围。对于开发区管理机构与行政区人民政府合并的开发区，应完善政府职能设置，体现开发区精简高效的管理特点。对于区域合作共建的开发区，共建双方应理顺管理、投入、分配机制。各类开发区要积极推行政企分开、政资分开，实行管理机构与开发运营企业分离。各地要及时总结开发区发展经验，积极探索开发区法规规章建设。

（十二）促进开发区整合优化发展。各省（区、市）人民政府要积极探索建立开发区统一协调机制，避免开发区同质化和低水平恶性竞争，形成各具特色、差异化的开发区发展格局。鼓励以国家级开发区和发展水平高的省级开发区为主体，整合区位相邻、相近的开发区，对小而散的各类开发区进行清理、整合、撤销，建立统一的管理机构、实行统一管理。被整合的开发区的地区生产总值、财政收入等经济统计数据，可按属地原则进行分成。对于位于中心城区、工业比重低的开发区，积极推动向城市综合功能区转型。

（十三）提高开发区行政管理效能。（略）

（十四）做好开发区投资促进工作。开发区要把投资促进作为重要任务，推进相关体制机制创新，营造国际化营商环境。鼓励开发区设立综合服务平台，为投资者提供行政审批一站式服务。开发区要积极主动开展招商引资活动，创新招商引资方式，从政府主导向政府招商与市场化招商相结合转变，加强招商引资人员培训，提升招商引资工作专业化水平。开发区可结合产业发展方向，在政策允许和权限范围内制定相应的招商引资优惠政策。

（十五）推进开发区建设和运营模式创新。（略）

五、完善开发区土地利用机制

（十六）优化开发区土地利用政策。（略）

（十七）严格开发区土地利用管理。（略）

六、完善开发区管理制度

（十八）加强开发区发展的规划指导。开发区建设应符合国民经济和社会发展规划、主体功能区规划、土地利用总体规划、城镇体系规划、城市总体规划和生态环境保护规划。提升开发区规划水平，增强规划的科学性和权威性，促进"多规合一"。为促进各类开发区合理有序良性发展，各省（区、市）人民政府要组织编制开发区总体发展规划，综合考虑本地区经济发展现状、资源和环境条件、产业基础和特点，科学确定开发区的区域布局，明确开发区的数量、产业定位、管理体制和未来发展方向。

（十九）规范开发区设立、扩区和升级管理。（略）

（二十）完善开发区审批程序和公告制度。（略）

（二十一）强化开发区环境、资源、安全监管。（略）

（二十二）完善开发区评价考核制度。（略）

（二十三）建立开发区动态管理机制。（略）

加强新形势下开发区的改革发展，是适应我国经济发展新常态、加快转变经济发展方式的重要举措，对于推进供给侧结构性改革、推动经济持续健康发展具有重要意义。各地区、各部门要高度重视，上下配合，按照职责分工，加强对开发区工作的指导和监督，营造有利的政策环境，共同开创开发区持续健康发展的新局面。

国务院办公厅

2017 年 1 月 19 日

附录1.2 陕西省重点项目推进办法（陕政发〔2013〕19号）[①]

第一章 总则

第一条 为有力有序推进重点项目建设，提高投资质量和效益，促进经济平稳健康发展和民生持续改善，制定本办法。

第二条 本办法适用于纳入省重点项目计划的建设项目。各市（区）确定的重点项目推进工作，参照本办法执行。

第三条 重点项目建设坚持"全面推进、重点突破、分级管理、分类指导、创新机制、强化服务、严格考核"的原则。各级政府、各有关行政主管部门和项目单位要加强体制机制创新，严格依法依规管理，切实保障群众利益，提高政府服务效能，强化企业自我约束，合力推进重点项目建设。

第二章 优化规划布局

第四条 各级发展改革和行业行政主管部门要加强规划引导，

---

① http://theory.people.com.cn/n/2013/0509/c40531-21427385.html

进一步强化主体功能区规划、国民经济和社会发展规划纲要与专项规划的衔接，专项规划之间的衔接以及规划与年度计划的衔接，把规划目标、建设任务细化落实到具体项目，用项目支撑、保障规划的顺利实施。

第五条 各市、县、区政府要创新思路、整合资源、加大投入、强化措施，创造性开展项目谋划工作。各级发展改革和行业行政主管部门要加大项目谋划力度，超前策划项目，超前开展前期工作，建立健全项目储备机制。省级财政逐步加大省重大项目前期投入，支持重大基础设施、产业化、技术创新、生态环保、城镇建设等项目谋划及前期工作。

第六条 实行重大项目选址布局专家论证制度。对事关发展全局、社会关注度高、省内多个市（区）竞争的重大项目，由省发展改革委会同省住房城乡建设、国土资源、环境保护等行政主管部门，组织有关专家开展技术、经济比较分析，结合相关地区的产业结构、资源禀赋、环境容量等方面因素进行指标对比评定；省政府根据专家论证和对比评定结果，确定重大项目的选址布局。

第三章 规范关键环节

第七条 科学评价和合理利用区域环境容量。各级环境保护行政主管部门要加强统筹协调，做好重点区域、重点行业、开发区和工业园区、重点流域建设规划的环境影响评价。要进一步加强单体项目的环境影响评价，项目设计阶段要强化生态设计和环境保护措施设计；项目建设过程中要按照环境影响评价报告和批复的要求，确保环保配套设施与主体项目同时设计、同时施工、同时投入使用。

省环境保护厅要根据各市（区）经济社会发展和环境质量状况，合理确定各地排放总量控制目标；加强排放总量指标预算管理，优先保证重点项目总量指标。

第八条 节能行政主管部门、项目单位要高度重视项目节能评估审查，项目选址阶段要全面评估当地能源供应条件以及项目建设对能源消费的影响，设计阶段要积极运用节能新技术、新工艺，施工阶段要制订并严格落实节能措施，最大限度节约能源。

省级节能行政主管部门要科学评估全省及各市（区）能源消费结构，合理设置能源消费控制总量，能源消费空间要向重点项目倾斜。

第九条 各级政府、各有关行政主管部门和项目单位要加强重点项目社会稳定风险评估，建立健全重点项目建设群众利益保障机制。征地拆迁阶段，要严格执行征地、拆迁补偿标准，及时、足额兑付征迁补偿费用，维护群众合法权益。项目选址以及设计、施工、运营过程中，要充分考虑就业带动问题，合理设置就业岗位，切实加强就业培训，尽可能吸纳当地劳动力就业；要严格执行环境保护规定，尽量减少噪音以及"三废"排放，保障和改善当地群众的居住环境。

第十条 各级项目审批（核准、备案）部门要加强重点项目科技创新和技术应用情况的审查，对施工环节使用新技术、新材料、新设备，生产环节应用新技术、新工艺以及新产品开发、知识产权运用等情况进行综合比较，指导项目单位改进和优化设计方案，提升项目科技含量。

第十一条 加强重点产业项目质量评估。由省发展改革委会同省级有关行政主管部门研究建立《陕西省重点产业项目质量评估指标体系》，在前期论证和后评价过程中，对项目资源代价、排放总量、安排就业、财税贡献、投资强度、综合带动等进行量化评价、综合打分。

省重点产业项目质量评估工作由省发展改革委牵头组织实施，评估结果作为项目引进、选址的重要依据。

第四章 加强要素保障

第十二条 省国土资源厅要加强与省级有关行政主管部门的协调联动，争取更多项目列入国家计划，争取国家奖励追加我省建设用地指标。要用好用足国家用地政策，积极开拓新的土地利用空间，保障重点项目用地需求；规范项目用地标准，严格控制用地规模，提高单位面积投资强度，促进集约节约用地。

各级国土资源行政主管部门安排年度用地计划指标时，要优先保证重点项目，实行单独报批、优先供应。对于占地较多的重大项目，在用地指标紧张时，采取先保障开工需要、后分年度供应的方式供地。同时，要加强土地使用情况督查，对"批而未供"的土地要加快供地进度；对闲置土地要依照《闲置土地处置办法》（国土资源部令第53号）有关规定予以处置，闲置超过2年的，要坚决依法收回。

第十三条 各级政府要进一步加大重点项目建设财政资金支持力度。对列入中央投资计划的重点项目，要争取更多的中央资金支持。省和设区市级财政各类建设性资金要优先用于重点项目建设，提高财政性资金的引导和放大能力。

省级各类投资公司要增强融资能力，明确资金投向，确保主要用于重大项目建设。

第十四条 各金融机构要围绕重点项目建设，积极开展金融服务，创新金融产品，鼓励扩大银团贷款、银信合作等融资规模。

鼓励综合采取多种融资方式，支持重点项目加快建设。各级政府，各有关行政主管部门要积极推进企业上市，扩大企业债券、中期票据、短期融资券等融资规模；积极引进保险资金、社保资金投资重点基础设施、产业项目，规范发展股权投资基金；全面落实鼓励和促进民间投资发展政策，放宽民间投资的领域和范围，支持民间资本参与交通、能源等领域重点项目建设；推动建立多层次的企业信用担保体系，为企业融资提供担保服务。

第五章 提升政府服务

第十五条 建立省重点项目建设联席会议制度。联席会议每季度召开1次，研究项目建设重大事项、协调解决有关问题。联席会议办公室设在省发展改革委，负责做好日常工作。

各市（区）、各部门要建立健全重点项目建设协调服务机制，切实做好组织协调和服务保障各项工作。

第十六条 优化再造项目流程。由省发展改革委会同省住房城乡建设、国土资源、环境保护等行政主管部门，全面梳理审批制、核准制、备案制的项目流程，认真研究各个环节的依据、程序、周期等，调整或删除与法律法规不相符合、与转变工作作风不相适应的部分，优化工作流程，明确工作责任，缩短前期工作周期，提高项目推进效率。优化再造后的项目流程图，由省发展改革委向社会公布。

第十七条 各级发展改革、规划建设、国土资源、环境保护等行政主管部门要按照优化再造后的流程，建立重点项目联审联批工作机制，强化审批衔接，提高工作效率，在规定时间内完成相关行政许可事项。

对需报国家相关部门许可的事项，各有关行政主管部门要建立跟踪落实责任制，积极争取国家尽早批准。

第十八条 实行省重点项目联合检查制度。除审计、稽察、安全生产检查等国家法律法规要求的检查外，各级政府、各行政主管部门要减少对省重点项目的不必要检查。如需对省重点项目建设单位依法依规建设、按合理工期组织施工等方面事项进行检查，由省重点项目建设联席会议办公室牵头，统一组织、联合检查；必要时，可与省监察厅联合牵头开展检查。

审计、稽察、安全生产等检查结果，有关行政主管部门要及时抄送省重点项目建设联席会议办公室。

第十九条 各级政府、各有关行政主管部门要坚持依法行政，强化服务意识，为重点项目建设创造良好环境。

各市、县、区政府要认真开展建设环境整治活动，积极完善和保障水、电、气、路等配套设施；畅通投诉受理渠道，加大对违法行为的责任追究和查处力度，坚决制止各种名目的乱检查、乱收费、乱摊派、乱罚款，严肃查处阻碍施工和强行参股、包揽工程、供应材料等违法行为。

每年底，由省重点项目建设联席会议办公室组织部分重点项目单位，对相关要素保障部门、项目所在地政府的服务工作进行测评，测评结果向省重点项目建设联席会议报告。

第六章 强化项目管理

第二十条 建立重点项目动态管理机制。由省发展改革委负责，建立和完善省级重点项目库，根据项目资源情况，将一定投资额以上的项目纳入项目库，实行动态管理。

省重点项目年度计划安排的项目，原则上从省级重点项目库中筛选，项目总数每年控制在350个左右，前期、新开工、续建项目数量比例原则上为7∶2∶7。

省重点项目年度计划由省发展改革委负责组织编制，依程序报批后执行。

第二十一条 省重点项目计划实行分类管理、分级推进。

每年确定50个左右投资规模大、产业关联度强、技术含量高、具有全局性影响以及跨区域的重大项目，由省重点项目建设联席会议直接负责推进。其中，选择部分重大项目，由省级领导同志联系督办。

省重点项目计划中其他项目，由各市（区）和省级有关行政主管部门负责推进，省重点项目建设联席会议办公室负责统计建设进度、定期检查项目进展。

第二十二条 积极推进重点项目信息化管理。由省发展改革委牵头，建立省重点项目管理信息系统，完善省级重点项目库，编报省重点项目年度计划，公开重点项目有关信息。

省级各有关行政主管部门、各市（区）、各项目单位要确定信息联络员，于每月最后1个工作日前，通过重点项目管理信息系统，向省重点项目建设联席会议办公室报送项目进展情况。

第七章 目标责任考核

第二十三条 建立重点项目考核奖惩机制。将省重点项目建设联席会议直接负责推进的重大项目纳入对各市（区）、省级有关单位的年度目标责任考核范围。具体的考核办法，由省重点项目建设联席会议办公室联合省考核办制定。

每年初，确定各市（区）、省级有关单位的季度和年度目标任务。每季度末，省重点项目建设联席会议办公室要将列入考核的重点项目进展情况在一定范围内公示，并报送省委、省政府领导。每年底，由省考核办会同省重点项目建设联席会议办公室，组织进行年度目标责任考核。

第二十四条 项目单位要强化自我约束，履行社会责任，依法依规完善建设各项手续，按合理工期组织施工，保证项目建设进度和质量安全。

对省重点项目建设联席会议直接负责推进的重大项目，每年初由省重点项目建设联席会议办公室与项目所在地的设区市政府、项目单位签订《项目建设责任书》，明确各方权责，确定每季度项目单位的目标任务和奖惩措施。

《项目建设责任书》签订后，省重点项目建设联席会议办公室要切实加强监督管理。对第1个季度未完成目标任务的项目单位负责人要进行约谈；对连续2个季度未完成目标任务的项目单位要进行黄牌警告；对连续3个季度未完成目标任务的项目单位要按约定收取违约金（如后期进度赶上，已缴纳违约金退还项目单位）；对连续4个季度未完成目标任务的项目单位，如无客观原因，责令退出项目建设，已缴纳的违约金缴入国库。对积极履行责任、超额完成年度目标任务的项目单位，各级政府、各有关行政主管部门在能源等资源配置方面给予优先保障；同时，对其在本省内投资的其他项目给予生产要素优先保障。

第八章 附则

第二十五条 本办法自2013年6月1日起施行，2018年6月1日废止。

附录1.3 西安市人民政府办公厅关于印发《西安市重点建设项目管理办法》的通知（市政办发〔2014〕6号）[1]

第一章 总则

第一条 为了加强和规范重点建设项目管理，优化投资结构，提高投资质量和效益，促进全市经济、社会持续快速健康发展，根据国家和省上有关规定，结合本市实际，制定本办法。

第二条 本办法适用于市级重点建设项目的管理。

本办法所称市级重点建设项目，是指经市人民政府批准并下达计划，对全市国民经济和社会发展有重大影响的项目。

第三条 市级重点建设项目应从以下项目中确定：

（一）有利于推动经济结构优化升级，提高城市综合竞争力，促进经济、社会发展的战略性新兴产业、现代服务业及重大工业项目。

（二）有利于完善城市功能，改善居住环境，优化空间布局，促进城市可持续发展的重大基础设施建设项目。

（三）有利于加快构建环境友好型、资源节约型社会的生态环保和资源综合利用项目。

（四）有利于促进文化、教育、卫生、体育等社会事业发展的重大民生项目。

（五）市人民政府确定的其他重大项目。

第四条 根据本市国民经济和社会发展的需要，市级重点建设项目分为重点在建项目和重点前期项目两类：

重点在建项目是指已完成规定的行政审批程序等前期工作，当年能够实质性开工的项目，以及在上年度已列入重点建设项目计划并开工，结转本年度续建的项目。

重点前期项目是指正在完善各类行政审批手续，当年不具备开

---

[1] http://www.xa.gov.cn/gk/zdjsxm/xmsg/5d495bf4fd850833ac63ae38.html.

工条件的项目。

第五条 重点建设项目要科学合理利用土地，各级政府要加大现有存量土地挖潜力度，按照布局集中、产业集聚的原则，促进有限的土地资源高效集约利用。

第六条 市重点建设项目领导小组统筹协调指导全市的重点项目管理工作，领导小组下设办公室（以下简称市重点项目办），设在市发展和改革委员会（以下简称市发改委），负责全市重点建设项目的综合协调和管理。

各区、县人民政府，各开发区管委会和各行业主管部门应当根据各自职责和有关法律、法规及本办法的规定，对重点项目开展相关管理、监督、服务和协调工作。

第二章 项目申报与评审确定

第七条 申报市级重点建设项目应当具备以下条件：

（一）符合国家产业、土地、环保、节能减排等指导政策；符合本市国民经济和社会发展规划、城市总体规划、土地利用总体规划、主体功能区规划、环境保护规划、产业发展规划等。

（二）项目总投资额原则上应达到一定规模。其中，城市综合改造项目总投资在5亿元以上，基础设施项目总投资在2亿元以上，旅游文化项目、服务业项目总投资在1亿元以上，战略性新兴产业和其他工业项目总投资在5000万元以上，农林水和生态综合治理项目、民生工程项目总投资在3000万元以上。

（三）在建项目年度投资额原则上应达到一定规模。其中，城市综合改造项目年度投资在2亿元以上，基础设施项目年度投资在1亿元以上，旅游文化项目、服务业项目年度投资在5000万元以上，战略性新兴产业和其他工业项目年度投资在3000万元以上，农林水和生态综合治理项目、民生工程项目年度投资在2000万元以上。

第八条 市级重点建设项目的投资强度须符合《市级重点建设项目投资强度控制表》要求。因生产工艺、生产环境、特殊行业等因素难以达到投资强度标准的项目，由市发改委（市重点项目办）组织有关专家和部门进行论证后，另行核定。

第九条　市级重点建设项目每年申报确定一次，各区、县人民政府，各开发区管委会和市级有关部门根据项目的隶属关系及属地原则，将本辖区、本部门符合本办法第三、七、八条规定的项目进行筛选和汇总，在11月15日之前，向市发改委（市重点项目办）提出列入下一年度市级重点建设项目计划的申请。

第十条　申报市级重点建设项目，应按规定填报《重点建设项目申报表》并提交下列材料：

（一）项目概况（项目名称、建设内容、总投资、用地面积及建成后的经济和社会效益等）和项目单位情况；

（二）项目审批或核准、备案的有关文件；

（三）项目规划选址、土地审批或预审、节能评价、环境评价等有关文件；

（四）新增用地项目必须严格控制投资强度，明确总用地面积及当年用地需求，分析单位面积所产生的经济社会效益；

（五）其他相关资料。

第十一条　建立市级重点建设项目评审体系。由市发改委（市重点项目办）牵头成立市级重点建设项目专家评审委员会，制订评审细则和评分标准，组织完成评审工作。评审结果作为市级重点项目筛选和土地、资金等要素保障的依据。

第十二条　市级重点建设项目专家评审委员会由各有关行业的专家和主管部门工作人员组成，依照评审细则和评分标准从项目前期准备情况、项目投资、环资消耗、技术水平、经济效益、社会效益、综合带动等方面对申报项目进行量化打分，综合评定。

第十三条　市级重点建设项目计划按以下程序确定：

（一）市发改委（市重点项目办）根据申报项目评审结果，对项目进行综合平衡和筛选，提出市级重点建设项目计划草案，报市政府审核并提交市人代会讨论；

（二）市发改委（市重点项目办）根据市人代会反馈意见进行修改后，报市政府审定并印发全市执行。

第十四条 已通过评审并列入上年度市级重点建设项目计划的项目，可直接列入当年市级重点建设项目计划。

第三章 政策支持与保障

第十五条 优先安排市级重点建设项目用地，市统筹用地计划指标的80%应用于市级重点建设项目。

市国土局结合市级重点建设项目评审结果，提出市级重点建设项目用地计划并报市政府审定后执行。

第十六条 各区、县人民政府，各开发区管委会作为重点项目征地补偿工作的责任主体，应当切实做好区域内重点项目的征地和补偿安置工作，保证重点建设项目的顺利实施。

第十七条 对符合规定条件的市级重点建设项目，优先争取国家及省级财政专项资金支持，市级财政性资金应当优先向重点项目倾斜。

各有关单位应优先对市级重点建设项目进行融资推介，在政策允许范围内鼓励和引导各类资金投向市级重点建设项目。

第十八条 建立重点建设项目审批服务绿色通道，实行重点建设项目并联审批。各级项目审批服务部门，要优化审批流程，简化审批程序，加快办理市级重点建设项目的相关手续，原则上在现行规定基础上压缩30%的工作时限；除法律、法规、规章规定外，各部门自行设立的审批事项一律取消。

实行重点建设项目行政审批代办服务制。在项目单位自愿委托的前提下，市政务服务中心为重点建设项目提供市权行政审批事项的无偿代办服务。

第十九条 优先安排市级重点建设项目配套的城市基础设施和公共服务设施建设。电力、交通、邮政、通信、给排水、供热、供气等单位，应当优先保障市级重点建设项目的需求。

第二十条　优化重点项目建设环境。各区、县人民政府，各开发区管委会作为辖区项目建设环境的直接责任单位，负责做好重点项目建设环境保障工作。除依法实施的检查外，各级政府、各行政主管部门应减少对市级重点建设项目的检查、评比；公安部门应加强重点建设项目施工环境整治，依法严厉打击强揽工程、强买强卖、阻拦施工等违法犯罪活动。

第二十一条　除国家、省、市依法规定的政府收费项目外，各级、各部门不得增设收费项目，向市级重点建设项目收取费用。国家、省、市规定的政府收费项目设有浮动区间的，除法律、法规、规章另有规定外，一律按下限标准执行。

第四章　组织管理

第二十二条　各区、县人民政府，各开发区管委会和市级有关部门负责执行市政府下达的市级重点建设项目年度计划，制定措施，落实管理责任。加强对项目的土地征收、招标投标、施工质量、工程量变更、资金管理及竣工验收等方面的监督和管理，协调推进项目建设。

第二十三条　重点建设项目法人单位要严格按照国家和省、市有关规定办理各项手续，组织工程施工，确保施工安全和工程质量，并依法承担相应的经济和法律责任。

第二十四条　实行市级领导分工联系重点建设项目制度，在市级重点建设项目计划中选择投资规模大、带动能力强，具有全局性的项目，由市级领导分工联系督办。

第二十五条　市重点建设项目领导小组每季度召开一次会议，专题研究解决重点建设项目存在的突出问题；市发改委（市重点项目办）每月召开一次专题会议，及时了解掌握项目建设中的难点问题，并提出处理意见，上报市重点建设项目领导小组。

第二十六条　各项目审批服务部门及项目责任单位要确定专职人员，负责做好重点建设项目的联络工作。

第二十七条 重点建设项目实行动态管理，根据重点建设项目的实施情况，对市级重点建设项目计划进行动态调整。

符合条件的项目，通过评审后，可增补列入市级重点建设项目计划；确因客观原因无法按计划实施的重点建设项目，可调整当年投资计划或转为前期项目。

第二十八条 各级政府、有关单位应围绕国家产业扶持政策和我市国民经济发展规划做好项目策划、项目储备库建设，以确保项目建设的有序接替。

第二十九条 项目建成运行或竣工投产后，项目责任单位应将项目实际完成建设情况和达产达效情况形成书面报告，报送市发改委（市重点项目办）。

第五章 考核奖惩

第三十条 建立和完善市级重点建设项目年度考核奖惩机制。市发改委（市重点项目办）会同市考核办负责对全市重点建设项目管理工作进行考核。考核的主要内容：

（一）项目责任单位：市级重点建设项目年度计划任务完成情况、产业项目的占比及其投资完成情况、前期项目进展情况和重点项目管理、推进、征地拆迁和协调服务情况；

（二）市级审批服务部门：服务市级重点建设项目工作的安排情况、审批时效、协调服务以及土地、资金等要素保障情况。

第三十一条 考核采取分类评定、量化打分的办法，按具体评分细则进行打分。

第三十二条 重点建设项目考核结果按指标权重折算后计入年度目标责任综合考核总分。市政府根据重点建设项目考核结果，对先进集体和个人予以表彰。对于未完成年度目标任务、排名靠后的单位予以通报批评。

第三十三条 各有关职能部门及其工作人员，有下列行为之一的，取消年终评先资格，并按规定责令改正；情节严重的追究有关部门和人员的纪律责任；构成犯罪的，依法追究刑事责任：

（一）在对市级重点建设项目进行行政审批过程中，无故延迟或者无正当理由拒绝办理审批、答复事项，影响重点项目工作进度的；

（二）违反国家和省、市有关规定，侵占、截留或者挪用市级重点建设项目资金的；

（三）违反相关规定，擅自对市级重点建设项目收费、摊派、罚款的；

（四）项目建设中出现质量安全事故的；

（五）其他违反法律、法规的行为。

第三十四条 项目具有以下情形之一的，取消其市级重点建设项目资格，终止其享受的土地、资金等优惠政策：

（一）用虚假信息和资料骗取市级重点建设项目资格；

（二）因工作原因，造成市级重点建设项目发生重大责任事故的；

（三）擅自改变经过审批的项目内容，使项目的实施违反国家和省、市关于城市规划、土地、产业、环境保护、安全生产等政策、法规及标准，以及与公共利益发生抵触的；

（四）虚报、瞒报或者拒报项目统计信息资料，拒绝接受市级有关部门管理监督的。

第六章 附 则

第三十五条 各区、县，各开发区重点建设项目的管理参照本办法执行。

第三十六条 本办法自2014年1月30日起施行，有效期五年。

附录1.4 西安市人民政府关于建立市招商引资工作暨重大招商引资项目联席会议制度的通知（市政函〔2016〕46号）[①]

各区、县人民政府，市人民政府各工作部门、各直属机构：

---

① http://www.xa.gov.cn/gk/zcfg/szh/5d4909fcf99d6572b76508b9.html.

为加强对全市招商引资工作的统筹领导，构筑全市招商引资"一盘棋"的工作格局，强力推进招商引资工作，市政府决定建立市招商引资工作暨重大招商引资项目联席会议（以下简称联席会议）制度。现将有关事项通知如下：

一、工作职责

统筹协调全市招商引资工作，指导区县、开发区产业布局；加强部门协作，推进重大招商引资项目落地；研究改善投资环境，会商解决外商诉求；审议区县、开发区招商引资工作考核奖励事项；研究提出招商引资重大政策措施建议；办理市政府交办的其他事项。

二、成员单位

联席会议由市商务局、市发改委、市监察局、市财政局、市教育局、市科技局、市工信委、市公安局、市人社局、市国土局、市规划局、市建委、市城管局、市交通局、市外侨办、市国资委、市旅游局、市统计局、市工商局、市食品药监局、市台办、市会展办、市贸促会、市国税局、市地税局、西安海关、国家外汇管理局陕西分局及各开发区管委会等34个部门和单位组成，市商务局为牵头单位。市政府主要领导担任联席会议总召集人，市政府分管领导担任副总召集人，市政府分管副秘书长及市发改委、市商务局主要领导担任召集人，其他成员单位有关负责同志为联席会议成员。联席会议成员因工作变动等原因需要调整的，由所在部门提出，联席会议确定。

联席会议办公室设在市商务局，承担联席会议日常工作。办公室主任由市商务局分管负责同志担任，联席会议联络员由各成员单位有关处室负责同志担任。

三、工作规则

联席会议由总召集人或副总召集人主持，或由总召集人委托召集人主持，根据工作需要定期或不定期召开会议，成员单位可以提出召开会议的建议。研究具体工作事项时，可视情况召集部分成员单位参加会议，也可邀请其他部门参加会议。联席会议以纪要形式明确议定事项，经总召集人或副总召集人、召集人签发后印发执行。重大事项及时向市政府报告。

四、工作要求

市商务局要牵头做好联席会议各项工作，各成员单位按照职责分工，研究制定本部门强力推进招商引资工作的政策措施，互通信息，密切配合，相互支持，形成合力，充分发挥联席会议作用，形成高效运行的长效工作机制。联席会议办公室负责及时向各成员单位通报情况。

西安市人民政府

2016 年 4 月 22 日

附录2 "物理-事理-人理系统方法论"引介

物理-事理-人理系统方法论（简称WSR方法论）自顾基发于1994年10月在英国Hull大学系统研究中心与朱志昌合作提出至今，已有20多年的发展历程，是具有国际影响的东方系统方法论。鉴于本书研究开展得益于WSR方法论的指导，故在此对其基本内涵、发展过程、未来展望等做一简要介绍。

顾基发等（2007）指出：系统实践活动是物质世界、系统组织和人的动态统一，我们的实践活动应涵盖这三个方面和它们之间的相互关系，即考虑"物理"、"事理"和"人理"（见附表1），从而获得满意的对考察对象的全面认识或是对考察对象的更深层理解。

附表1 物理、事理、人理的主要内容

	物理	事理	人理
对象与内容	客观物质世界 法则、规则	组织、系统管理 做事的道理	人、群体、关系 为人处事的道理
焦点	是什么？ 功能分析	怎样做？ 逻辑分析	最好怎么做？可能是？ 人文分析
所需知识	自然科学	管理科学、系统科学	人文知识、行为科学、 心理学
原则	诚实；追求真理	协调；追求效率	讲人性、和谐；追求成效

资料来源：顾基发、唐锡晋、朱正祥《物理-事理-人理系统方法论综述》，《交通运输系统工程与信息》2007年第6期。

关于WSR方法论的提出过程、推广努力和国内外应用状况，顾基发、寇晓东（2015）有以下总结：

"WSR方法论的形成有其时代背景和地缘因素，前者包括中国国内系统工程研究的兴起、对事理和事理学的强调、对人理的逐步发现与重视以及国际上对运筹学的反思和软的系统方法论的出现等，后者主要体现为顾基发在本土研究实践中对人理因素的特殊敏感和文化自觉。WSR方法论能用国际上认可的方法论研究标准提出，主要归功于顾基发和唐锡晋等的已有项目实践和顾基发在国际范围内与朱志昌、Midgley、Nakamori等人的持续沟通、交互学习与紧密合作。

WSR方法论的推广努力，以1995—1997年的三次'中英日联合会议'及其成果为基础，以国际期刊 Systemic Practice and Action Research 在2000年刊发的'中国的系统思维'论文专辑为标志，而朱志昌在1996—2000年以很大热情和付出在各种国际场合对WSR方法论的持续'推销'，不仅为该方法论树立起品牌和赢得国际声誉，也把它的应用拓展至多个领域，此外顾基发、唐锡晋等同期开展的一系列项目应用，也让WSR方法论在中国国内落地生根。

WSR方法论在国际上先后被欧洲、北美、澳洲和亚洲区域内的多个国家及地区的学者加以研究和应用，学科领域覆盖面较广，已成为系统方法论国际大家庭中独树一帜的东方系统方法论。在中国国内，WSR方法论先后在11个大的问题领域内得到应用，包括管理理论与实际管理、教育和科技、区域发展、军事与装备、信息化、交通与电力行业、社会问题、生态环境、经济与商业、工业设计、认识论方法论，在此实践和理论提升过程中，专著《物理-事理-人理系统方法论：理论与应用》得以出版，主流系统工程教材把WSR方法论列为必讲内容，10多项国家自然科学基金和20余篇博士学位论文的研究以WSR方法论作为基础，一些行业的发展和企业的实际生产也获益匪浅。整体看，WSR方法论正在成为一种能够处理复杂社会经济系统问题的普适性方法论。"

针对WSR方法论研究和应用的深化，《物理-事理-人理系统方法论25周年回顾》一文指出[①]：

"首先，进一步汇总、梳理、辨析、明晰WSR的基本意涵，包括物理、事理、人理的内涵界定，作为方法论的层次定位，传统文化

---

① 寇晓东、顾基发：《物理-事理-人理系统方法论25周年回顾——溯源、释义、比较与前瞻》，《管理评论》2021年第5期。

及哲学基础，应用步骤与工作流程等；基于已有研究文献，建立 WSR 典型应用的案例库以及对应 W、S、R 的方法库；与其他本土系统方法论和管理理论的比较研究，特别是对 WSR 与 TOP、CmCvAwAs、反身性理论、Shinayakana 等都存在'三维'分析架构的深层追问。

其次，新科技革命、认知科学进展和中国特色社会主义管理实践，正推动管理学向中国哲学智慧引领整合管理转型，在此过程中，WSR 应该发挥怎样的方法论功能，值得深入研究。

最后，伴随大数据与人工智能时代的到来，还需要考虑 WSR 在新的时代会如何演化，相关的数据科学对 WSR 将带来何种影响，包括物联网带来的物的数据化、智慧城市等带来的事的数据化以及人的行为、认知/心理、情绪数据等带来的人的数据化。"

参考文献

埃德加·胡佛:《区域经济学导论》,上海远东出版社,1992。

敖崴凯:《开发区治理:生成、异化与规引》,苏州大学硕士学位论文,2014。

白国强:《更好地促进经济功能区开发开放》,《南方日报》2015年1月5日,F版。

陈佳、朱莉芬:《重庆市五大功能区经济差异及协调发展研究》,《重庆理工大学学报(社会科学)》2016年第6期。

陈瑞莲:《欧盟国家的区域协调发展:经验与启示》,《政治学研究》2006年第3期。

陈瑞莲:《欧盟经验对珠三角区域一体化的启示》,《学术研究》2009年第9期。

陈瑞莲、刘亚平:《泛珠三角区域政府的合作与创新》,《学术研究》2007年第1期。

陈瑞莲、谢宝剑:《改革开放以来中国的区域政策及创新》,《21世纪的公共管理:机遇与挑战:第三届国际学术研讨会文集》,2008。

陈瑞莲、杨爱平:《从区域公共管理到区域治理研究:历史的转型》,《南开学报》(哲学社会科学版)2012年第2期。

陈瑞莲、张紧跟:《试论我国区域行政研究》,《广州大学学报(社会科学版)》2002年第4期。

陈瑞莲主编《区域公共管理导论》,中国科学社会出版社,2006。

陈为邦:《城市思想与城市化》,《城市发展研究》2003年第10期。

陈雁云：《产业发展、城市集聚耦合与经济增长的关联度》2011年第4期。

陈雁云、朱丽萌、习明明：《产业集群和城市群的耦合与经济增长的关系》，《经济地理》2016年第10期。

邓静、孟庆民：《新城市发展理论评述》，《城市发展研究》2001年第8期。

范永娜：《论区域公共管理的制度创新》，《时代金融》2014年第3期。

高丽娜、宋慧勇：《新常态背景下区域协调发展机制创新》，《技术经济与管理研究》2017年第7期。

高媛：《西安高新技术产业开发区政府治理模式研究》，延安大学硕士学位论文，2014。

顾基发、寇晓东：《WSR方法论的提出、推广、应用分析与发展展望》，中国航天系统科学与工程研究院研究生管理部编《系统工程讲堂录（第二辑）》，科学出版社，2015。

顾基发、唐锡晋、朱正祥：《物理－事理－人理系统方法论综述》，《交通运输系统工程与信息》2007年第6期。

郭诚：《构建大西安经济圈 加快陕西经济发展》，《西北大学学报》（哲学社会科学版）1998年第28期。

郭凤城：《产业群、城市群的耦合与区域经济发展》，吉林大学博士学位论文，2008。

郝寿义：《区域经济学原理》，上海人民出版社、格致出版社，2007。

何剑、王欣爱：《区域协同视角下长江经济带产业绿色发展研究》，《科技进步与对策》2017年第11期。

洪世健：《大都市区治理理论演进与运作模式》，东南大学出版社，2009。

洪燕：《开发区生命周期的研究——从制度演进的视角》，复旦大学博士学位论文，2006。

胡望舒、孙威：《基于泰尔指数的北京市区域经济差异》，《中国科学院研究生院学报》，2013年第3期。

黄建洪：《中国开发区治理与地方政府体制改革研究》，广东人民出版社，2014。

姜丽丽、陈东景：《基于泰尔指数的安徽省区域经济差异分析》，《安徽农业科学》，2017年第11期。

姜嫣、马耀峰、高楠、王永明：《区域旅游产业与经济耦合协调度研究——以东部十省（市）为例》，《华东经济管理》2012年第11期。

蒋永甫等：《区域公共管理导论》，广西人民出版社，2014。

金莎：《中国特色开发区视野下的浦东治理模式》，华东理工大学博士学位论文，2011。

凯文·摩根：《制度、创新与欠优势地区的经济复兴》，孙宽平译，《经济社会体制比较》，2003。

柯武刚、史漫飞：《制度经济学》，韩朝华译，商务印书馆，2000。

寇晓东：《基于WSR方法论的城市发展研究》，西北工业大学出版社，2009。

赖声伟：《旅游产业与区域经济的耦合协调度研究—以江苏省为例》，曲阜师范大学硕士学位论文，2011。

李电生、宫田辉：《港口物流与城市产业耦合关系研究》，《技术与方法》2010年第2期。

李凯、李世杰：《装备制造业集群耦合结构：一个产业集群研究的新视角》，《中国工业经济》2005年第2期。

李礼：《区域治理国内研究的回顾与展望》，《学术论坛》2010年第7期。

李立华：《区域乘数效应与中国区域协调发展机制的安排》，《经济评论》2007年第6期。

李勇：《区域产业耦合机制研究》，《商业经济》2010年第5期。

理查德·D.宾厄姆等：《美国地方政府的管理：实践中的公共行

政》，九州译，北京大学出版社，1997。

刘芳、王培暄：《基于泰尔指数的区域经济差异分析——以江苏省为例》，《区域经济评论》2013年第6期。

刘刚：《北京市开发区土地资源开发与微观治理模式研究》，中国地质大学（北京）博士学位论文，2009。

刘锦英：《层次递进耦合：产业集群的动态形成机理》，《科学管理研究》2010年第28期。

刘军：《开发区建设与管理的执行力实践》，国家行政学院出版社，2015。

刘瀑：《经济增长、产业发展与劳动就业的耦合机理分析——以河南省为例》，《经济经纬》2010年第1期。

刘润姣、蒋涤非、石磊：《主体建模技术在城市规划中的应用研究评述》，《城市规划》2016年第5期。

刘续棵：《对测量不平等的泰尔指数和基尼系数比较》，《经济研究导刊》2014年第7期。

刘友金、胡黎明、赵瑞霞：《创意产业与城市发展的互动关系及其耦合演化过程研究》，《中国软科学》2009年第1期。

罗伯特·D. 帕特南：《使民主运转起来》，王列、赖海榕译，江西人民出版社，2001。

罗月领：《中国（上海）自贸试验区政策创新的路径依赖和路径选择》，《上海金融学院学报》2013年第5期。

迈克尔·波特：《国家竞争优势》，李明轩、邱如美译，华夏出版社，2002。

孙海军：《经济功能区与经济区域形成理论》，南开大学博士学位论文，2010。

孙元欣：《2016中国自由贸易试验区发展研究报告》，格致出版社，2016。

唐亚林等：《世界城市群与大都市治理》，上海人民出版社，2017。

王成城、李红梅、韦守明：《区域创新极化效应的城市贡献度——基于分解 TW 指数的空间计量研究》，《中国科技论坛》2017 年第 8 期。

王春枝：《产业结构与城市化的耦合互动关系研究》，《中国管理信息化》，2011 年第 23 期。

王丹：《上海自贸实验区建设及制度创新研究》，《自贸区与城市研究》2015 年第 4 期。

王佃利、王桂玲：《城市治理中的利益整合机制》，《中国行政管理》2007 年第 8 期。

王梦珂、何丹、杨犇：《工业开发区转型动力机制的"三力模型"解释——以龙游工业园区为例》，《上海城市规划》2015 年第 2 期。

王琦：《产业集群与区域经济空间耦合机理研究》，东北师范大学博士论文，2008。

王琦、陈才：《产业集群与区域经济空间的耦合度分析》，《地理科学》2008 年第 2 期。

王全兴、王凤岩：《我国自贸区社会组织建设的制度创新初探》，《上海财经大学学报》2014 年第 6 期。

王欣、周伟、吴殿廷：《新区产业功能定位和城市发展战略的耦合关系—以北京市海淀新区为例》，《城市问题》2006 年第 6 期。

王一鸣：《中国开发区实践与思考》，中国商务出版社，2016。

王毓婕：《大西安地区产业布局协调发展研究》，陕西师范大学硕士学位论文，2011。

杨爱平、陈瑞莲：《欧盟公共管理制度对泛珠三角的启示》，《珠江经济》2007 年第 4 期。

杨冬梅、万道侠：《影响我国区域经济增长的制度要素解读》，《理论学刊》2017 年第 1 期。

杨龙、王朦：《经济功能区的体制困境与转型模式选择》，《国家行政学院学报》2014 年第 5 期。

杨文彬：《论我国经济功能区协同治理模式的构建》，《天津行政学院学报》2016年第1期。

杨秀秀：《浙江区域经济差异的泰尔指数及影响因素分析——基于2002－2011年浙江省11市面板数据》，《科技与管理》2013年第5期。

杨荫凯：《各类特殊功能区将成中国经济新引擎》，《中国经营报》2015年5月18日，C版。

游鹏：《成渝经济区合作发展中地方政府间利益协调机制研究》，重庆大学硕士学位论文，2015。

袁其刚、刘斌、朱学昌：《经济功能区的"生产率效应"研究》，《世界经济》2015年第5期。

曾文革：《我国特殊经济功能区法律制度的现状、问题与创新》，《2010中国经济特区论坛：纪念中国经济特区建立30周年学术研讨会论文集》，2010。

张道航：《从"极化发展"到"泛化延伸"——论经济功能区在区域经济发展中的角色转换》，《中国浦东干部学院学报》2010年第4期。

张红侠、陈明：《基于泰尔指数的渭南市区域经济差异分析》，《安徽农业科学》2016年第4期。

张紧跟：《从区域行政到区域治理：当代中国区域经济一体化的发展路向》，《学术研究》2009年第9期。

张雯：《美国的"精明增长"发展计划》，《现代城市研究》2001年第5期。

张艳：《我国国家级开发区的实践及转型：政策视角的研究》，同济大学博士学位论文，2008。

赵红军：《政府治理能力现代化是自贸区制度创新的核心》，《中国金融家》2014年第5期。

赵秋兰、尹海凤：《区域公共管理制度创新路径探寻》，《人民论坛》

2014年第23期。

赵述:《基于泰尔指数的辽宁省经济差异分析》,《东北财经大学学报》2013年第4期。

赵燕菁:《城市化2.0与规划转型》,《城市规划》2017年第3期。

郑婷:《重庆五大功能区的经济发展差异性测度及预测》,重庆大学硕士学位论文,2014。

周世军:《我国中西部地区"三农"困境破解:机理与对策》,《经济学家》2012年第6期。

朱宏:《十字路口的选择:开发区治理体制研究》,安徽人民出版社,2016。

朱彦恒、张明玉、曾维良:《开发区产业发展的耦合机理》,《科学学与科学技术管理》2006年第10期。

Bettencourt, L. M. A., Lobo, J., Helbing, D., Kühnert, C., West, G. B., "Growth, innovation, scaling, and the pace of life in cities", *Proceedings of the National Academy of Sciences*, 2007, 104 (17): 7301 – 7306.

Bettencourt, L. M. A., West, F. A., "Unified theory of urban living", *Nature*, 2010, 467: 912 – 913.

Cooke, P., Uranga, M. G., Etexbarria, G., "Regional systems of innovation: an evolutionary perspective", *Environment and Planning*, 1998, 30: 1563 – 1584.

Dommel, P. R. "Intergovernmental relations", *Managing Local Government*, California: Sage Publication, Inc. 1991.

Morgan, K., "The learning region: institutions, innovation and regional renewal", *Regional Studies*, 1997: 31 (5): 491 – 503.

Spangenberg, J. H., "Environmental space and the prism of sustainability: frameworks for indicators measuring sustainable development", *Ecological Indicators*, 2002 (2): 295 – 309.

Spangenberg, J. H. , "Sustainable development in a globalizing world-dealing with complexity", *Proceedings of the 12th Annual International Sustainable Development Research Conference (CD – ROM)*, Hong Kong, 2006.

Wright, D. S. , "Understanding intergovernmental relation", *Classic of Public Administration*, Harcourt Brue College Publishers, 1996: 578 – 594.

后　记

　　本书内容能够最终成书出版，有几个重要的因素，谨向读者朋友做以交代。

　　2013年初，由于研究方向的原因，笔者申请由之前所在的西北工业大学自动化学院调动至校内人文与经法学院（现已更名为公共政策与管理学院），由此开始个人学科专业归属的同步转型（由控制科学与工程下的系统工程转向公共管理下的行政管理）。在此背景下，笔者尝试申请2013年度教育部人文社会科学研究项目（青年基金项目），并凭借《板块驱动型城市产业发展的耦合机理及政策调控研究：以大西安为例》获得立项资助。在项目申请过程中，同校的刘煜教授、许勇教授，以及陕西省社会科学院的裴成荣研究员、于宁锴副研究员都给予了大力支持，特别是西北师范大学的张强教授与笔者反复商讨并拟定了最后的申请题目，为项目获批加了分。此外，项目研究内容特别是问题提炼也受益于笔者此前于2010~2012年在西安大兴新区管委会的挂职经历，这一经历使笔者能够对"板块带动"的西安城市发展模式有亲身体验和近距离观察及思考。

　　在上述教育部项目的整个研究过程中，笔者及研究团队先后得到了原西安市人民政府研究室综合研究处处长李春阳、原西安大兴新区管委会副主任李岁会、原中共西安市委政研室副主任李传顺、西安市人大常委会副秘书长赵生龙、原西安市发展改革委国民经济综合处处长王军平、原西安市发展改革委办公室主任解丹蕊，以及原西咸新区沣东新城自贸办高级主管王琪、西咸新区沣西新城自然资源

后　记

和规划局副局长朱红蕾、西咸新区城建投资集团有限公司干部李微山等众多来自政府管理一线的良师益友们的关心指导和大力支持。他们的支持使得研究顺利推进、理论实践有机融合、资料信息充分获取，为项目最终取得实效及顺利结题奠定了重要基础。

关于项目的具体推进，要感谢研究团队的主要成员——笔者所指导的五位硕士研究生，如果没有大家的齐心攻关和努力工作，要完成这样一个问题复杂、历时较长的研究课题，大概率是不可能的。她们是：本书作者之一的陆瑶，汪红、刘园园、孙思阳和于跃。此外，西北工业大学系统工程专业博士生冯涛、软件工程专业本科生刘泽伟、管理科学与工程专业硕士生张毓以及陕西省社会科学院金融研究所副研究员杨琳等，也在不同阶段为项目研究做出了个人的努力和贡献，在此一并致谢。

衷心感谢西北工业大学科学技术研究院设立的"西北工业大学精品学术著作培育项目"，正是在该项目的资助下，本书的付梓有了重要的物质基础。更要特别感谢社会科学文献出版社的冯咏梅老师和胡楠老师！从本书最初的选题申报到合同签订，从初稿完成到终稿审定，整个出版过程的每一个具体环节，都是在两位老师的精心指导和组织下才得以顺利完成。

最后要说明的，就是我们两位作者对本书内容可能存在的研究不足、思想偏颇乃至观点谬误等负有全部责任，欢迎每一位读者朋友的批评与指正！

寇晓东

2021 年 5 月 16 日

于西安西北工业大学友谊校区南苑

图书在版编目(CIP)数据

板块驱动型城市产业耦合：以大西安为例 / 寇晓东，陆瑶著. -- 北京：社会科学文献出版社，2022.2
ISBN 978-7-5201-9846-2

Ⅰ.①板… Ⅱ.①寇… ②陆… Ⅲ.①城市经济-产业发展-耦合-研究-西安 Ⅳ.①F299.274.11

中国版本图书馆CIP数据核字(2022)第039163号

板块驱动型城市产业耦合
——以大西安为例

著　　者 / 寇晓东　陆　瑶

出 版 人 / 王利民
组稿编辑 / 冯咏梅
责任编辑 / 孔庆梅　胡　楠
责任印制 / 王京美

出　　版 / 社会科学文献出版社·经济与管理分社（010）59367226
　　　　　 地址：北京市北三环中路甲29号院华龙大厦　邮编：100029
　　　　　 网址：www.ssap.com.cn

发　　行 / 社会科学文献出版社（010）59367028
印　　装 / 三河市东方印刷有限公司

规　　格 / 开本：787mm×1092mm　1/16
　　　　　 印张：12.5　字数：169千字
版　　次 / 2022年2月第1版　2022年2月第1次印刷
书　　号 / ISBN 978-7-5201-9846-2
定　　价 / 128.00元

读者服务电话：4008918866

版权所有 翻印必究